运动生理学
课程思政案例

石丽君　于　亮　主编

北京体育大学出版社

策划编辑　佟　晖
责任编辑　佟　晖
责任校对　郝　彤
封面设计　谭德毅
版式设计　联众恒创

图书在版编目（CIP）数据

运动生理学课程思政案例 / 石丽君, 于亮主编. --北京 : 北京体育大学出版社, 2022.7（2023.4 重印）
ISBN 978-7-5644-3680-3

Ⅰ. ①运… Ⅱ. ①石… ②于… Ⅲ. ①思想政治教育—教案(教育)—高等学校 Ⅳ. ①G641

中国版本图书馆CIP数据核字(2022)第111883号

运动生理学课程思政案例
Yundong Shenglixue Kecheng Sizheng Anli
石丽君　于　亮　**主编**

出版发行：北京体育大学出版社
地　　址：北京市海淀区农大南路 1 号院 2 号楼 4 层办公 B-212
邮　　编：100084
网　　址：http：//cbs.bsu.edu.cn
发 行 部：010-62989320
邮 购 部：北京体育大学出版社读者服务部 010-62989432
印　　刷：北京建宏印刷有限公司
开　　本：710mm × 1000mm　1/16
成品尺寸：170mm × 240mm
印　　张：12
字　　数：200 千字
版　　次：2022 年 7 月第 1 版
印　　次：2023 年 4 月第 2 次印刷
定　　价：50.00 元

《运动生理学课程思政案例》编委会

主　编　石丽君　于　亮

副主编　周　越　李　岩　雷　厉

编　委　（以姓氏笔画为序）

于　亮　王亚鑫　王　祯　石丽君　刘晨喆

孙华灵　许寿生　李　丽　李　岩　李　娜

汪　军　吴　迎　肖　红　张严焱　单美玲

周　越　柯志飞　赵　丽　赵　磊　高　扬

耿　雪　徐召霞　曹春霞　韩　鹏　雷槟恺

雷　厉　蔡佳珈

前　言

2021年是中国共产党成立100周年，是开启全面建设社会主义现代化国家新征程的第一年。面对中华民族伟大复兴战略全局和世界百年未有之大变局，我们必须以习近平新时代中国特色社会主义思想为引领，坚守为党育人、为国育才的使命担当，将立德树人根本任务贯穿各项工作始终，致力于培养德、智、体、美、劳全面发展的社会主义建设者和接班人。落实“立德树人”根本任务的关键在教师，课程思政是专业课教学与思想政治教育紧密结合的重要抓手，通过凝练课程中思想政治元素，挖掘社会主义核心价值观等育人元素，有助于贯彻落实党的教育方针，使各类课程与思想政治理论课同向同行，共同做好高校的思想政治教育工作。

为把课程思政建设落到实处，北京体育大学运动生理教学团队总结和分享《高等学校课程思政建设指导纲要》实施以来运动生理学课程思政的建设成果，组织编写了这本《运动生理学课程思政案例》。

本书依据运动生理学教学大纲，以专业教材内容为主线，密切结合专业知识点，紧扣运动生理学实践，全面梳理各章节教学目标、课程思政元素、课程实例，选编最具时代特色的百余个典型案例，将习近平总书记给北京体育大学2016级研究生冠军班全体学生回信提出的“使命在肩、奋斗有我”的时代精神融入专业学习，潜移默化地教育学生为实现教育强国、体育强国、健康中国国家战略贡献智慧和力量。

《运动生理学课程思政案例》既注重宏观设计，又兼顾具体实施；既注重理论阐释，又兼顾课堂实效。本书具有以下几方面的特点：

强化价值引领。推动习近平新时代中国特色社会主义思想进课堂、进教材、进头脑，引导学生传承体育报国红色基因，增进学生历史认同和文化认同。弘扬“使命在肩、奋斗有我”的时代精神、中国女排精神和中华体育精神，引导青年学生心怀“国之大者”，立大志、明大德、成大才、担大任，努力成为堪当民族复兴重任的时代新人。

推进全面浸润。以专业课程体系为基础，将教学目标分解为知识与技能目标、过程与方法目标以及情感、态度和价值观目标，“润物细无声”地推进思政育人全面贯穿，全过程融入。以新理念、新技术、新手段、新方法推进课程思政进课堂、进线上教学、进实验室、进社会实践，建设多形态课程思政场景。

打造特色思政。系统全面梳理习近平总书记关于体育工作的重要论述，融入新中国体育发展史、科技史、学科史中的思政育人资源，以及中华传统体育精神与价值文化、新中国体育人砥砺奋进历程和勇于拼搏的冠军精神等，形成独具学科特色的“运动生理学课程思政”育人模式。

课程思政建设如日方升，其理念、内涵、模式在不断深化和发展。诚然，我们的认识和实践还在探索提高阶段，因此本书的编写难免有不当之处，敬请读者多提宝贵意见，以助今后修订完善。

《运动生理学课程思政案例》编委会

2022 年 6 月

目 录

绪　论

运动生理学是体育院校学生必修的一门重点基础理论课程，肩负着培养体育领域专业人才、完善体育院校课程体系和育人体系的重要任务。运动生理学课程思政建设是贯彻“立德树人”根本任务和“协同育人”教育理念的必然要求，对落实习近平总书记“把思想政治工作贯穿教育教学全过程”的教育理念具有十分重要的现实意义。运动生理学课程思政建设全面贯彻党的教育方针，充分利用专业课教育资源，发挥基础课程蕴含的思想政治教育功能，实现知识传授与价值引导的有机统一，培养具有扎实专业知识和技能，同时心怀“国之大者”，为实现国家富强、民族复兴、人民幸福的中国梦贡献力量的时代新人。运动生理学课程思政建设需要从教学理念、教学原则、教学内容、评价体系等方面进行全面改革。

一、运动生理学课程思政教学理念

1. 专业育人与思政育人相统一

运动生理学课程思政坚持专业育人与思政育人相统一。在专业教学过程中，教师既要引导学生掌握专业知识，培养专业技能，还要深入挖掘并讲授蕴含在专业知识背后的情感、态度和价值观等，帮助学生树立正确的世界观、人生观和价值观。

2. 科学精神与人文精神相统一

运动生理学课程思政坚持科学精神与人文精神相统一。在教学中教师既要增加课程的知识性，培养学生敢于战胜一切艰险、勇于探索真理的科学精神；也要增加课程的人文性，培养学生为国为民、无私奉献的人文精神。

3. 理论育人与实践育人相统一

运动生理学课程思政坚持理论育人与实践育人相统一。运动生理学是一门应用基础理论学科，在理论知识学习中注重科学思维方法的训练，培养学生探索未知、追求真理、勇攀科学高峰的责任感和使命感。在专业实验实践中，引导学生学思结合、知行统一，培养不断求索的创新精神和解决问题的实践能力。在社会服务实践中，教育和引导学生将“读万卷书”与“行万里路”相结合，能够了解国情民情，以真才实干为服务体育强国、健康中国等国家战略贡献力量。

二、运动生理学课程思政教学原则

在运动生理学课程思政建设过程中，教师应坚持课程完整的知识体系，在此基础上应结合课程特点、思维方法和价值理念，精准把握课程思政元素的融入路径，形成课程思政案例，通过提升课程思政育人能力，最终引导学生崇德向善，知行合一。

运动生理学课程思政应坚持四个教学原则：信，尊重课程完整的知识体系；准，精准把握课程思政融入路径；达，提高教师专业课程思政育人能力；行，引导学生崇德向善，知行合一。

1. 信——尊重课程完整的知识体系

运动生理学是人体生理学的一个分支，是体育科学的基础学科之一。运动生理学具有完整的理论教学体系和实践教学体系，因此，教师在开展课程思政教学时要做到“信”——尊重课程完整的知识体系，完成课程的知识传授和能力培养目标。教师要完成运动生理学教学内容，即人体在体育活动、运动训练影响下结构和机能的变化，人体在运动过程中机能变化的规律，形成和发展运动技能的生理学规律，以及人体运动能力发展和完善的生理学机理等。在此基础上，高质有效地开展课程思政教育。

2. 准——精准把握课程思政融入路径

思政育人深耕于专业教学之中。教师要将课程的思政育人与专业教学深度融合，做到“准”——精准把握课程思政元素融入路径。教师可以从解读知识点、讲述专业理论的发展历程、分析学科前沿热点问题、分享创新求索故事、分析成功/失败案例、解读社会热点问题以及分享教师成长经历等角度切入课程思政教学，切实解决课程思政元素“硬嫁接”“强输出”的问题，在教学过程中达到“润物细无声”的效果，真正实现融知识能力培养与思想价值引领于一体的育人目标。

3. 达——提高教师课程思政育人能力

提升课程思政育人效果的关键在教师。教师的思政育人能力是解决专业教育和思政教育“两张皮”问题的关键所在。面对课程思政这一新的教学理念，教育者应先受教育，铸魂者应先铸其魂。教师既要精于授业解惑，更要以传道为己任，既是“经师”，更是“人师”。一方面，教师要不断提升课程思政育人意识，主动提高专业能力，提升人文素养；另一方面，教师要主动提高教学组织和驾驭能力，将教学设想有效地转化为教学行为，做到“达”——以流畅自然的方式开展思政育人，切实解决思政教学“硬融入”的问题，将思政之“盐”融于课程之“水”，让学生自然而然吸收蕴含其中的情感、态度和价值观。

4. 行——引导学生崇德向善，知行合一

学生是课程思政最直接的学习者、感受者、获益者，是检验课程思政育人效果的关键所在。课程思政建设成效必须以学生的获得感、以学生成长、成人、成才的成效为衡量标准。检验课程思政育人效果如何就是要看专业课程能否引导学生崇德向善，知行合一；学生能否正确认识世界，认识中国；能否理解时代责任和历史使命，把远大抱负落实到实际行动中，树立起与时代主题同心同向的理想信念。

三、运动生理学课程思政教学内容

运动生理学课程思政的教学内容包括五个方面：①中国特色社会主义和中国梦教育；②社会主义核心价值观教育；③中华优秀传统文化教育；④宪法法治教育；⑤职业理想和职业道德教育。从国家、社会和个人三个层面对学生进行思想政治教育，引导学生树立正确的世界观、人生观、价值观，自觉培育和践行社会主义核心价值观，培养既具备深厚学科知识、精深技术技能、较强专业素养和实践动手能力，又具有家国情怀、国际视野、创新精神，能担当民族复兴大任的时代新人。

1. 中国特色社会主义和中国梦教育

在运动生理学课程思政教学中，教师可结合专业知识点，挖掘其中蕴含的与中国特色社会主义和中国梦相关的思政元素，对学生进行相应的思政教育。例如，在讲解“体温调节”“能量代谢”“极点”“第二次呼吸”和“疲劳”等知识点时，教师可结合红军长征的艰苦历程、抗洪救灾、航天精神等，将知识点与党史、新中国史、改革开放史、社会主义发展史相结合，引导学生了解世情、国情、党情、民情，坚定中国特色社会主义道路自信、理论自信、制度自信、文化自信，从而为实现中华民族伟大复兴的中国梦而努力奋斗。

2. 社会主义核心价值观教育

在运动生理学课程思政教学中，教师可结合专业知识点，挖掘其中蕴含的与社会主义核心价值观相关的思政元素，对学生进行相应的思政教育。例如，讲解有关“神经肌肉接头”“胰岛素”“高原反应”等知识点时，教师可结合知识点背后科学家不断求索的故事、高原戍边战士驻守边疆保家卫国的故事，引导学生忠于职守，爱国敬业，以振兴中华为己任，促进民族团结，维护祖国统一，自觉报效祖国。

3. 中华优秀传统文化教育

在运动生理学课程思政教学中，教师可结合相关专业知识点，对学生进行中华优秀传统文化教育。例如，在讲述与肺功能知识相关的“新冠疫情抗疫故事”，与身体素质知识相关的“中国速度”“女排精神”，与女性生理特点相关的“运动员身心健康案例”等时，引导学生深刻理解中华优秀传统文化中讲仁爱、重民本、守诚信、崇正义、尚和合、求大同的思想精华和时代价值，引导学生传承中华文脉，富有中国心、饱含中国情、充满中国味，不断提高学生的道德水平。

4. 宪法法治教育

在运动生理学课程思政教学中，教师可结合专业知识点，挖掘其中蕴含的与宪法法治相关的思政元素，对学生进行相应的思政教育。例如，在讲授有关运动员血液特征和生理学意义时，教师可介绍血液兴奋剂的种类、危害和检测方法，引导学生维护竞技体育尊严，坚守体育道德底线，牢固树立法治观念，坚定走中国特色社会主义法治道路的理想和信念。

5. 职业理想和职业道德教育

在运动生理学课程思政教学中，教师可结合专业知识点，挖掘其中蕴含的与职业理想和职业道德相关的思政元素，对学生进行相应的思政教育。在讲解运动生理学发展史时，教师可结合中国运动生理学奠基人王义润教授的故事，培养学生的专业志向和职业理想。在讲述科研规范和实验动物伦理时，教师可结合社会热点事件，引导学生自觉践行职业规范，增强职业责任感，培养职业品格和行为习惯。

运动生理学课程思政建设过程中，教师要始终立足自然科学、社会科学和体育学的基本理论，自觉将学科史、科技史、人文精神、时代精神等融入知识点和学科理论中，同时主动吸收体育学、基础医学、生物学、教育学和社会时事热点、体育竞赛事件中的鲜活育人元素，构建内涵延展、类型丰富、层次递进、相互支撑的独具学科特色的“运动生理学”课程思政内容，形成“十大精神体系”（图 1），达到课程教学和思政教育相融合，育人和育才相统一的课程育人实效。

构建《运动生理学》课程思政内容体系，
培养“十大精神”

- □ 结合生理学科学家和科学发现的故事，培养学生科学家精神
- □ 结合运动生理学学科发展史，培养学生开拓进取精神
- □ 结合爱国主义教育，培养学生民族精神
- □ 结合“四史”文化教育，培养学生“四史”精神
- □ 结合体育强国战略，培养学生科技报国精神
- □ 结合冠军传奇经历，培养学生冠军精神
- □ 结合体育人文教育，培养学生人文精神
- □ 结合社会时事热点，培养学生时代精神
- □ 结合体育竞赛不良事件，培养学生法治精神
- □ 结合学术道德和学术规范，培养学生科研精神

图 1　运动生理学课程思政内容体系

四、运动生理学课程思政教学评价体系

教学评价是检验课程教学是否有效及教学目标是否达成的关键环节，是推动课程教学质量持续改进的基础。运动生理学课程思政教学评价体系是以家庭、社会和学生为主体，包含教师课程教学能力评价、专业知识教学效果评价和思政教育效果评价三个环节。

1. 确立多元化的评价主体

根据教师、家庭、社会及学生组成的“四位一体”的全员育人机制，确立运动生理学课程思政的多元化评价主体。

（1）教师

教师是课堂教学的第一责任人，要努力成为先进思想文化的传播者、党执政的坚定支持者，做好学生锤炼品格、学习知识、创新思维、奉献祖国的引路人。在运动生理学课程思政教学过程中，教师不仅是教学过程的实施者、参与者，还是教学效果评价的设计者。在过程性评价中，教师要对学生的课堂表现、作业情况给予评价和及时反馈，做出正确、科学的引导；在终结性评价中，教师要对学生进行认知和行为两个维度的考核，包括专业知识的掌握情况、公民素养形成以及社会实践情况等，树立德育与智育相结合的理念。

（2）家庭

从家庭角度出发，将运动生理学课程思政评价延伸到家庭，以帮助家长和教师了解学生在生活中的德育情况，如学生生活自理能力、对待父母的态度等、利用专业知识促进大众健康等，引导学生全面健康成长。

（3）社会

从社会角度出发，将“运动生理学”课程思政评价延伸到课外。例如，学生所参与的志愿者活动、创新创业竞赛、专业实习、社会实践活动等，利用社会主体评价学生的工作态度、职业道德、人际交往能力等，归纳总结学生普遍存在的共性问题及个性问题，从而进行有针对性的教学。

（4）学生

重视学生评价的主体地位可在一定程度上弥补教师评价中可能会出现的片面问题，使评价更公平、公正。要注重以学生的获得感、以学生成长、成人、

成才的成效来衡量，看学生是否树立起与时代主题同心同向的理想信念，勇于担当时代赋予的历史责任。

2. 课程思政教学评价实施策略

（1）教师课程教学能力评价

通过督导评价、同行认可度和学生满意度调查，对教师的职业素养、专业知识储备、教学态度、教学方法和教学理念等进行评价。

（2）专业知识教学效果评价

课程思政的教学是以专业基础知识为出发点，学生专业基础知识的掌握情况是课程思政教学效果的一个重要评价指标。通过评价学生的课堂参与情况、实验操作、专业考试成绩来综合判断课程思政中运动生理学专业知识的教学效果。

（3）思政教育效果评价

学生能否将课堂教学中的思政元素内化于心、外化于行，是评价课程思政教学效果的重要内容。思政教育效果评价包括过程性评价和终结性评价。过程性评价通过课堂讨论、小组汇报和课后作业等形式进行评价；终结性评价通过问卷调查、情境测评等形式进行，也可在期末考试中将思政考核与专业知识考核进行有机融合，设置 2 ~ 3 道思政主观题；学生的社会实践及就业选择等可纳入评价体系；学生思想、素质方面的评价包括学生自评、学生互评和小组评价等。

作为新时代党加强高校人才培养和思想政治教育的新要求、新举措、新方向，课程思政从根本上回应了“为谁培养人、培养什么样的人、怎样培养人”等重大理论与实践问题。课程思政建设的基础在课程，根本在思政，重点在课堂，关键在教师，成效在学生。站在“两个一百年”奋斗目标的历史交汇点，专业课教师要将思想教育贯穿到每一节专业课程中，把爱国情、强国志、报国行深植到每名学生心中。从事运动生理学教学的高校教师应当牢牢把握课程思政的核心要义和运动生理学学科特点，利用好课堂教学主渠道，有效加强课程思政建设，在课程教学过程的各个环节整体联动、共同发力，将思政之“盐”融于课程之“水”。在进行专业教育的同时，着重增强学生的政治认同、思想认同、情感认同，增强其做中国人的志气、骨气、底气，注重用信仰的力量引领当代学子，使其成长为堪当民族复兴大任的时代新人。

（执笔：石丽君　雷　厉）

第一章　概　论

本章主要介绍运动生理学概述、生命活动的基本特征、人体生理机能的维持与调节、人体生理机能调节的控制、运动生理学的发展历史与研究现状等内容。

一、教学目标

1. 知识与技能目标

（1）了解运动生理学的基本概念、研究对象、研究任务和研究方法。

（2）掌握生命活动的基本特征：新陈代谢、兴奋性、应激性、适应性、生殖。

（3）掌握内环境及稳态的概念及生理意义，以及生理机能的调节方式。

（4）了解运动生理学的发展历史与研究现状。

2. 过程与方法目标

结合运动生理学研究任务的介绍，学习习近平新时代中国特色社会主义思想及习近平总书记对体育强国和健康中国的重要指示，培养学生的专业志向，明确学习运动生理学知识在新时代社会主义建设中的重要作用；结合运动生理学研究方法的介绍，培养学生遵守科学研究中伦理原则的精神；结合本章对运动生理学发展历史的讲述，引导学生涵养科学家精神，坚定理想信念，树立家国情怀。

3. 情感、态度和价值观目标

培养学生的专业志向；培养学生追求真理和敢为人先的科学家精神；培养学生的奉献精神；培养学生的家国情怀与爱国热忱；加强对学生的职业道德和法治教育。

二、课程思政元素分析

课程思政元素分析见表 1–1。

表 1–1 概论——课程思政元素分析

课程知识点	课程知识点与思政元素融合案例	思政目标
运动生理学的研究任务	习近平新时代中国特色社会主义思想及习近平总书记对体育强国和健康中国的重要指示	树立学生的专业志向，明确学习运动生理学知识在新时代社会主义建设中的重要作用
运动生理学的研究方法	武汉大学“猴碑”的故事	培养学生善待实验动物、遵守动物伦理原则的精神
生命活动的基本特征	克隆羊多莉	引导学生对新技术的追求和认知，科学看待新进步和新技术
内环境稳态	贝尔纳与内环境稳态理论的故事	培养学生不断探索、勇攀高峰、敢为人先的科学家精神
生物节律	生物节律研究团队获诺贝尔生理学或医学奖的故事	培养学生勇于探索和钻研的科学家精神
运动生理学的发展史	运动生理学之父——希尔	树立学生立志科研的专业志向，培养学生敢为人先、开拓进取的科学家精神
	王义润教授的故事	培养学生的家国情怀和无私奉献精神

三、课程思政教学案例

1. 学习习近平新时代中国特色社会主义思想，学习习近平总书记对体育强国和健康中国的重要指示，树立学生的专业志向，引导学生明确学习运动生理学知识在新时代社会主义建设中的重要作用

2017 年 10 月 18 日，在中国共产党第十九次全国代表大会上，习近平总书记首次提出“新时代中国特色社会主义思想”。新时代中国特色社会主义思想，是对马克思列宁主义、毛泽东思想、邓小平理论、“三个代表”重要思想、科学发展观的继承和发展，是马克思主义中国化最新成果，是党和人民实践经验和集体智慧的结晶，是中国特色社会主义理论体系的重要组成部分，是全党全国人民为实现中华民族伟大复兴而奋斗的行动指南，必须长期坚持并不断发展。

2017 年 10 月 24 日，中国共产党第十九次全国代表大会通过了关于《中国共产党章程（修正案）》的决议，习近平新时代中国特色社会主义思想写入党章。

2018 年 3 月 11 日，第十三届全国人民代表大会第一次会议通过《中华人民共和国宪法修正案》，习近平新时代中国特色社会主义思想写入《中华人民共和国宪法》。

贯彻落实习近平新时代中国特色社会主义思想，要按照“进教材、进课堂、进头脑”的要求，在推动课程思政建设方面积极探索。

2019 年 6 月 18 日，习近平总书记在给北京体育大学 2016 级研究生冠军班全体学生的回信中指出，“新时代的中国，更需要使命在肩、奋斗有我的精神。希望你们继续带头拼、加油干，为建设体育强国多作贡献，为社会传递更多正能量”。北京体育大学要落实习近平总书记的回信精神，就要认真培养新时代体育人才，做体育强国建设的排头兵，做弘扬社会正能量的发源地。

为推进健康中国建设，提高人民健康水平，根据党的十八届五中全会战略部署，中共中央政治局 2016 年 8 月 26 日召开会议，审议通过《“健康中国 2030”规划纲要》，并由中共中央、国务院于 2016 年 10 月 25 日印发并实施。《“健康中国”规划纲要》强调，体育行业要主动适应人民健康需求，深化体制机制改革，优化要素配置和服务供给，补齐发展短板，推动健康产业转型升级，满足人民群众不断增长的健康需求；同时提出要“普及科学健身知识和健身方法，推动全民健身生活化”。我们需要坚持以人民为中心的发展思想，牢固树立和贯彻落实新发展理念，坚持正确的卫生与健康工作方针，以提高人民健康水平为核心，以体制机制改革创新为动力，从广泛的健康影响因素入手，以普及健康生活、完善健康保障、建设健康环境、发展健康产业为重点，把健康融入所有政策，全方位、全周期地保障人民健康。关于体育强国战略，党的十八大以来，中共中央总书记、国家主席、中央军委主席习近平高度关心和重视体育事业，始终从中华民族伟大复兴和人民群众的美好生活向往的高度引领体育事业健康、有序发展。体育强则中国强，国运兴则体育兴。《中华人民共和国国民经济和社会发展第十四个五年规划和 2035 年远景目标纲要》明确提出，到 2035 年建成“体育强国”，体育已成为中华民族伟大复兴的标志性事业。在竞技体育赛场上，中国体育健儿要不断突破，勇争佳绩，展现为国争光、无私奉献、科学求实、遵纪守法、团结协作、顽强拼搏的中华体育精神。体育工作者必须提高政治站位，将体育事业摆在国家发展大局中统筹谋划。

运动生理学的主要任务是了解人体生命活动规律，揭示体育运动对人体机能影响的规律及机理，阐明运动训练、体育教学和运动健身过程中的生理学原理，其目的是提高机体竞技运动水平、提升大众工作效率和生活质量。我们要掌握好运动生理学知识，将理论与实践结合，合理运用。首先要扎根竞技体育主战场，让专业知识服务运动队，在“看不见”的赛场上，为运动员的训练和比赛提供科学监控，在科技服务和科研保障中展示中国精神，践行强国志向。其次要立足全民健康新领域，用专业理论指导大众参与体育运动，为广大群众树立全民健身的理念、推行健康文明的生活方式、促进人的全面发展，不断满足人民群众的健康需求，并且在扩大健康国际交流合作等方面献策献力。

总之，我们应当学好运动生理学，为实现“两个一百年”奋斗目标、实现中华民族伟大复兴的中国梦贡献力量。

教师通过讲好习近平总书记对体育强国和健康中国建设的重要指示，培养学生的专业志向，明确学习运动生理学知识在新时代中国特色社会主义建设中的重要作用。

2. 讲好武汉大学动物实验中心“猴碑”的故事，培养学生善待实验动物、遵守动物伦理原则的精神

实验研究法是运动生理学研究的一种基本方法。有时为了深入了解某种运动条件下引起生理变化的机制，会采用动物实验或者细胞实验进行研究，进而间接探讨运动后人体生理功能变化及其机制，因此需要在实验过程中遵循伦理道德规范。

在武汉大学动物实验中心的动物实验楼左侧空地上，耸立着一块从神农架运来的巨大花岗岩石碑，在这块被命名为“慰灵碑”的石碑正面刻着一行大字：“献给为人类健康而献身的实验动物”，石碑背面则是这样一段文字：“慰藉首批为研究抗 SARS 病毒疫苗、药物献身的 38 只恒河猴。”2003 年 5 月，武汉大学动物实验中心建成不久，全国防治传染性非典型肺炎指挥部科技攻关组就在此进行了紧急而艰巨的医学攻关任务，开展针对 SARS 病毒的疫苗研制工作，将新研制的“人用SARS病毒灭活疫苗”进行猴体实验，18只猴子为此献身。随着研发的深入，公关组完成了抗SARS病毒多肽药物的动物实验，又有20只猴子献身。正是有了这些为科研献身的猴子，才使科研人员获取了宝贵的实验数据，为此后疾病的攻克奠定了坚实的基础。

2004年4月28日，以这38只恒河猴为纪念对象的“猴碑”落户武汉大学动物实验中心。时任该中心主任孙理华教授在接受采访时谈道：“我们在医学方面取得的每一个进展，都与实验动物分不开。把动物列入道德关怀的范围，这是社会的进步，体现出人类的爱心和对生命的珍惜。”

教师通过讲好武汉大学动物实验中心“猴碑”的故事，培养学生遵循科研规范，善待实验动物，恪守动物伦理的意识。

3.讲好克隆羊多莉的故事，培养学生不断追求和认知新技术，树立科学看待新进步和新技术的态度

生物的生命是有限的，必须通过生殖过程进行自我复制和繁殖，使种族得到延续。克隆技术的出现，使得传统的生殖伦理和观念面临极大挑战。

1996年7月5日，在英国爱丁堡，一只体重6.6千克的小绵羊顺利诞生，这就是“多莉”，世界上第一只克隆羊。从此，生物学和遗传学的历史被逐步改变。准确来说，多莉没有父亲，却有三个“母亲”，一只是怀孕三个月的芬兰多塞特母绵羊、两只苏格兰黑面母绵羊。芬兰多塞特母绵羊提供了全套遗传信息，即提供了细胞核；一只苏格兰黑面母绵羊提供了无细胞核的卵细胞；另一只苏格兰黑面母绵羊提供了供羊胚胎发育的子宫，并产下了多莉。绵羊通常能活12年左右，而多莉仅活到了6岁。2003年2月，多莉因患有严重的进行性肺病，无法进行有效的治疗，被科研人员实施了安乐死。此后，多莉的尸体被制成标本，存放在苏格兰国家博物馆，以此纪念克隆技术的第一代成果。

事实上，多莉的诞生经历了漫长的失败。在多达277次的细胞融合后，仅有29个初期胚胎存活；当它们被移植到13只母羊体内后，也只有多莉这一只克隆羊成功诞生。虽然最初克隆羊的目的是为了制造治疗性蛋白质药物，但自多莉诞生起，它就成了全世界的焦点。多莉的诞生，在实践上第一次证明了利用体细胞进行克隆的技术是可行的。它为大规模复制动物优良品种，生产转基因动物进而拯救濒危动物，保护生态平衡提供了有效方法。2012年诺贝尔奖获得者山中伸弥表示，正是多莉的诞生，使他看到了希望并从此致力于干细胞研究。但是，越来越多的科学家和社会学家逐渐认识到，克隆并非完美无瑕，在克隆过程中会产生一些生理上的缺陷，甚至带来一些危险，并引发了一场由克隆人及其所衍生的道德问题的讨论。

> 教师通过讲好克隆羊多莉的故事，引导学生不断追求和认知新技术，善于在新理念中挖掘闪光点，并且对科学研究应具备敬畏之心，树立科学看待新技术的态度。

4. 讲好科学家贝尔纳的故事，培养学生不断探索、勇攀高峰、敢为人先的科学家精神

组成人体的各种细胞、组织和器官在时间和空间上相互协调成为一个整体。人体的细胞与外界环境并不发生直接接触，而是生存于细胞外液之中，进行各种新陈代谢，因此细胞外液被称为内环境。内环境在代谢过程中不是固定不变的静止状态，而是处于动态平衡状态，以保持机体的正常机能，被称为稳态。人类在对内环境和稳态的认识过程中，经历了漫长的时间。

贝尔纳被誉为实验生理学的奠基人。他首先提出了内环境的概念，并在后人的努力下，发展成了内环境稳态理论，这是现代生理学的基础。贝尔纳作为法国唯一一位死后享受国葬待遇的生理学家，在西方医学发展过程中作出了重要贡献。

1857 年，在对大量研究结果的观察和提炼下，贝尔纳创造性地提出了“内环境”的概念。他认为动物的生活需要两个环境：组织和细胞生活的内环境和整个有机体生活的外环境。细胞和组织生活在血液或淋巴构成的液体环境中，而不是与外界环境直接接触。组织液为机体的生理活动提供营养物质，维持稳定的理化环境，也是细胞或组织之间物质交换的媒介。对生物体而言，内环境的稳定是生命存在的首要条件，也是机体对抗各种刺激发生应激和适应的关键因素。

不得不说，关于内环境稳态及其调节机理，贝尔纳虽然也掌握了一些实验证据，但更多的是天才的推断和猜测。但正是这超越同时代学者的观点，让一个世纪以后的学者获益良多，并逐渐成为现代生理学的重要基础，时至今日仍在继续影响生理学的发展。因此，贝尔纳被公认为生理学界最伟大的科学家之一，不仅埋头于一个个具体问题的研究，而且用自己创造性的思想指导实践。

在贝尔纳之后,美国生理学家劳伦斯·约瑟夫·亨德森和沃尔特·布拉德福德·坎农等继承和发展了他的思想，科学地揭示了内环境稳态的机理。

教师通过讲好贝尔纳的故事，培养学生不断探索的科学精神，引导学生在科研中加强辩证思维，勇于创新，培养学生通过实践去不断检验真理的精神。

5. 讲好生物节律研究团队获诺贝尔生理学或医学奖的故事，培养学生勇于探索和刻苦钻研的科学家精神

生物体在维持生命活动过程中，各种生理功能活动会按一定的时间顺序发生周期性变化，被称为生物节律，使生物体对环境产生了更完善的适应过程。因此，揭开生物节律机制的神秘面纱对人类至关重要。

2017 年诺贝尔生理学或医学奖授予杰弗里·霍尔、迈克尔·罗斯巴什和迈克尔·扬，奖励他们对“生物体昼夜节律控制分子机制”的贡献。波士顿布兰迪斯大学的杰弗里·霍尔和迈克尔·罗斯巴什团队，以及洛克菲勒大学的迈克尔·扬团队一直致力于昼夜节律的研究。1984 年，这三个研究团队各自独立地从果蝇体内分离和提取出了 Per 基因，并且把这个基因编码产生的蛋白称为 Per 蛋白。他们发现，Per 蛋白在不同时段有不同的浓度，以 24 小时为周期增加和减少，这与昼夜节律惊人的一致。这一现象引起了他们的注意，为何 Per 蛋白会在 24 小时周期内呈现不同的浓度并循环往复呢？这与 24 小时的昼夜节律有何关系？他们各自展开了大量研究，成功发现了 Tim 基因、DBT 蛋白等昼夜节律关键调节信号分子，提出了反馈抑制的假说。在随后的研究中，他们继续深入，成功阐明了调节和控制生物钟这种发条机制的其他分子组分，构建和丰富了生物钟工作稳定性的原理，为人类了解和研究生物节律作出了重大贡献。

教师通过讲好诺贝尔生理学或医学奖获奖团队的故事，培养学生勇于探索和刻苦钻研的科学家精神。

6. 讲好运动生理学之父——希尔的故事，树立学生立志科研的专业志向，培养学生敢为人先、开拓进取的科学家精神

运动生理学是在生理学和医学基础上萌芽和发展起来的,在众多科学家中,对运动生理学有突出贡献的首推英国伦敦大学的阿奇博尔德·维维安·希尔教授。1922年，希尔基于在“肌肉运动的能量转换”这一研究课题上的重大发现，被诺贝尔委员会认可并授奖。

机体运动是由肌肉的收缩与舒张引起的，而肌肉运动时涉及能量转换问题，希尔对此萌生了极大的研究兴趣和研究热情。最初，希尔把肌肉的产热研究作为自己的主攻方向，他把物理学的方法引入到生理学的研究之中，发现在肌肉的代谢活动中，乳酸消耗量极大，而骨骼肌乳酸的转化和分解都需要氧气参与。

1914年第一次世界大战爆发，希尔被迫中断自己的生理学研究，应征入伍。“一战”后，希尔终于回到了久违的生理学实验室，开始对离体肌肉和神经进行更加细致的热力学研究，并找到了肌肉能量释放与力和速度的确定关系，提出了特征方程与肌肉动力学的三元素模型，成为当时肌肉活动研究的世界第一权威。与此同时，希尔发表了一系列关于肌肉运动、乳酸和氧的供应与利用的论文，创造性地提出了机体利用氧的能力存在上限的观点，清晰提出和界定了最大摄氧量的概念，并合理地解释了最大摄氧量的限制因素。他还提出了“氧债”和“需氧量”的概念，使人们初步建立了人体运动过程中无氧代谢的概念，促进了生理机能监控和体质测评的发展。此外，希尔在人体肌肉的机械效率、运动能力与适应等研究上也有所涉猎。

毫无疑问，正是希尔开展了一系列开拓性的工作，为运动生理学学科的建立奠定了坚实的基础，最终使运动生理学从母学科中独立出来。他在运动科学这一领域的创造性探索，孕育出了更多的新课题，激发多位学者加入和追随他的研究，为这个新兴学科的发展贡献了新发现和新理论。希尔的一生无比勤奋，科学研究硕果累累，在生理学尤其是运动生理学的发展史上留下了浓墨重彩的一笔。

教师通过讲好“运动生理学之父”——希尔的故事，引导学生树立对科研的专业志向，培养学生敢为人先、开拓进取的科学家精神。

7. 讲好中国运动生理学奠基人王义润先生的故事，培养学生的家国情怀和无私奉献精神

经过近百年的发展，我国的运动生理学研究在运动促进健康和科技服务竞技体育领域都作出了不可磨灭的贡献。在长期的发展过程中，我国涌现了一大批默默奉献、扎根专业的学者。王义润教授就是中国运动生理学发展历程中的一面旗帜。

王义润教授是中国运动生理学的开拓者。1937年，抗日战争爆发。就读于北京师范大学生物系的王义润跟随学校迁往内地，度过了一段颠沛流离的求学生涯。在那个年代里，中国人被称为“东亚病夫”，爱国抗战的激昂情绪在青年人中蔓延。大学二年级时，年轻的王义润遇到了斗志昂扬的李鹤鼎。王义润与李鹤鼎决定去美国学习先进的体育科学知识，以期报效祖国。1951年，34岁的王义润在美国获得教育学硕士学位。她和丈夫李鹤鼎怀着满腔的爱国热情，放弃优厚酬金的白领工作，冲破层层阻挠，经过一个月的辗转，穿越太平洋回到祖国，就职于北京师范大学体育系。1952年，夫妻二人从北京师范大学调任到当时的中央体育学院筹备处。

1953年，王义润带领三位年轻的应届大学生韩世真、张问礼、吴柱中接手了一项艰巨的任务——建立新中国第一个运动生理学教研室。他们面临没有教室、没有教材和教师、教学设备匮乏的巨大挑战，王义润感受到了前所未有的压力。四人从零起步，着手设计教学实验楼；结合四人所学的生物、医学、体育知识，参考医学院的《人体生理学》教材进行教学研究。

原中央体育学院的草棚里，四位年轻的教师承担着500名学子的教学任务，他们四处奔波购买所需的仪器设备来完成一个又一个实验；他们形成了由三位助手来讲授25人班的小课、王义润负责59人大课的教学模式。每逢助手们有不懂的问题，王义润就耐心地为他们讲解示范。助手们观摩王义润的教学方式和技巧，从她这里习得学问，再去教授给学生们，在摸索与尝试中砥砺前行。初创的岁月紧张忙碌而富有激情。1954年，中央体育学院成立了新中国历史上第一个运动生理研究生班，王义润身负重任，担负起苏联专家的助教工作。一方面，王义润要完成众多本科生的教学工作；另一方面，研究生班的工作也迫在眉睫；同时，她还要帮助新的老师熟悉教学模式，带他们改进自身不足。正是她的辛苦与执着，为日后我国运动生理学科的发展打下了坚实的基础。当年，北京体育大学各个学制和专业都规定开设运动生理学课程，面对日益繁重的教学任务，身为教研室主任的王义润教授经慎重考虑后提出——我们的专业知识不仅要有广度，而且还必须要有深度才能符合当前的形势要求，所以要求每名教师必须钻研运动生理学某方面的内容，要求每学期做所选内容的文献综述和报告，并要求掌握这个专题的国内外研究动态和进展。王义润制定的措施使得教研室整体科研水平突飞猛进。这一任务的完成大大提高了北京体育大学运动生理学教研室在全国的知名度，为我国培养了一大批优秀的运动生理学人才。运动生理学教研室自开创以来，在王义润的带领下，团队成员几十年如一日尽心、尽力、尽责地工作，获得了多个全国第一：第一个开设运动生理学研究生班、第一个联系运动实际对我国高水平运动员进行生理机能状态研究并在全国学术大会上进行论文报告、第一个出版运动生理学研究生论文集、第一个招收运动生理学本科生、第一个被教育部和国家体育运动委员会评为重点学科、第一个成为硕士学位授予单位、第一个举办了国际运动生理学学术研讨会（并同时举办为时一周的同行学习班，以提高全国运动生理学水平）、第一个招收运动生理学博士研究生的单位，培养了我国第一个运动生理学博士研究生和第一个运动生理学外国来华留学博士研究生。

作为中国运动生理学的先驱，王义润教授的事迹就是中国体育科学发展的见证，她的精神激励着一代又一代运动生理学者不断前进。

王义润教授的爱国心、报国志、默默奉献的爱国行感人至深，她高尚的品格和情操犹如北京体育大学校园里盛开的白玉兰，是中国运动生理学的拓荒者和引路人！

教师通过讲好王义润教授的故事，培养学生赤胆忠心、精忠报国的家国情怀，树立无私奉献的志向追求。

四、课后思考

1. 结合习近平新时代中国特色社会主义思想和对体育强国和健康中国的重要指示，请你谈谈学习运动生理学知识的重要性。

2. 结合克隆技术，我们应如何科学看待“克隆人”？

3. 谈谈你对实验动物福利和实验伦理的认识。

4. 结合科学家的故事，简述在科学研究中，科研人员应具备怎样的精神？

（执笔：周 越 雷 厉 雷槟恺）

第二章　骨骼肌机能

本章主要介绍骨骼肌的结构、骨骼肌的收缩原理、骨骼肌的特性、骨骼肌的不同收缩形式、不同肌纤维类型与运动、运动对骨骼肌形态和机能的影响、肌电图的原理与应用等内容。

一、教学目标

1. 知识与技能目标

（1）了解肌纤维、肌原纤维、肌小节的结构及肌丝的分子组成。

（2）了解静息电位、动作电位及其传导原理。

（3）了解肌丝滑行学说、肌纤维的兴奋 – 收缩耦联。

（4）掌握骨骼肌的物理特性和生理特性。

（5）掌握骨骼肌的收缩形式（向心收缩、等长收缩、离心收缩和超等长收缩等），几种收缩形式的比较，运动单位动员等。

（6）熟悉肌纤维类型的划分；掌握不同类型肌纤维的形态、机能及代谢特征，运动时不同类型运动单位的动员，肌纤维类型与运动项目，训练对肌纤维的影响。

（7）了解延迟性肌肉酸痛的发生机制；了解运动性骨骼肌损伤的防治。

（8）掌握肌电图的概念、肌电的引导及肌电图的应用。

2. 过程与方法目标

结合对神经肌肉接头发现的过程，使学生学会发现问题、思考问题、解决问题的方法；结合本章相关实验课，培养学生的创新精神和实践能力；结合对本章相关科学家的介绍，培养学生无私奉献的精神，坚定理想信念，树立家国情怀。

3. 情感、态度和价值观目标

培养学生追求真理和敢为人先的科学家精神，培养学生的家国情怀与爱国热忱，引导学生树立投身国家需要的专业志向。

二、课程思政元素分析

课程思政元素分析见表2–1。

表2–1　骨骼肌机能——课程思政元素分析

课程知识点	课程知识点与思政元素融合案例	思政目标
神经肌肉接头	冯德培院士的故事	引导学生树立专业志向，培养学生求真务实的科学精神，弘扬老一辈科学家的家国情怀
动作电位、肌丝滑行	霍奇金和赫胥黎的故事	引导学生树立严谨治学、不断进取的科研态度和团结协作的科研精神
运动单位动员（运动神经元）	“糖丸爷爷”顾方舟的故事	激发学生的爱国情、强国志和报国行，培养学生刻苦钻研、孜孜不倦的科研精神
延迟性肌肉酸痛	卢鼎厚教授的故事	引导学生树立扎根专业的坚定信念和矢志报国的专业志向
肌电图的应用	高强、尹吟青教授的故事	培养学生勇于探索、默默奉献的科研精神，建立用理论指导运动实践的专业思维

三、课程思政教学案例

1. 讲好冯德培院士的故事，引导学生树立专业志向，培养学生求真务实的科学精神，弘扬老一辈科学家的家国情怀

神经肌肉接头被称为运动终板，在骨骼肌收缩过程中，神经肌肉接头处的信息传递可以诱发终板电位，实现从电信号向机械收缩的传递和转变，对骨骼肌收缩至关重要。而神经–肌肉接头信号传递机制的阐明与中国学者冯德培院士的工作密不可分。

“冯氏效应”的发现者——冯德培院士，是一位将科学研究扎根祖国大地，影响了世界科学发展的神经生物学家，是中国生理学、神经生物学发展的重要推动者之一，1955年被选聘为中国科学院学部委员（院士）。在英国留学期间，冯德培先生接触到了大量的前沿科学问题和理论。1934年，冯德培先生回国后，任教于北京协和医学院生理系，为我国生命科学做了大量开拓性的工作。神经肌肉接头是机体控制指令下传到肌肉的关键节点，关于神经肌肉接头的研究至今仍是神经信号传递研究的重要靶点。20世纪30年代，神经肌肉接头领域的研究还处于萌芽状态，但冯德培先生在很短的时间内就发现了神经肌肉接头电生理的新特性。1936—1941年，冯德培先生领导的研究团队发表了大量论文，为当时正在形成中的“化学传递学说”提供了证据，并对英国药理学家亨利·哈利特·戴尔的研究提供了直接补充，戴尔也因“化学传递学说”获得诺贝尔奖。后来，冯德培先生继续深耕，发现钙离子对神经肌肉接头信号传递的重要作用，提出钙影响神经递质释放的观点。除此之外，冯德培先生还首次观察到了强直后增强效应（PTP），这是突触可塑性的第一次发现，在神经可塑性研究领域具有里程碑的意义。

冯德培先生在学生时代就非常尊重知识，热爱科学，立志科研，到80岁高龄仍对科学研究的新发现保持着极高的热情。冯德培先生将毕生精力都用在科学上，虽然曾一次次被无情地中止研究工作，剥夺科研权利，但冯德培先生从未屈服于困难，一次次重新“创业”，一次次克服困难回到实验室，活跃在科研一线，不断进行开拓性的工作，取得了大量的成果。冯德培先生的工作受到了国内外学者的一致称赞，英国科学家、诺贝尔奖得主克茨曾说过，如果冯德培的工作不因日本侵华而中断，也许他们会一起获奖；杨雄里院士也曾评价冯德培先生是一个以科学为生命的人，点燃其生命火焰的是科学，使其生命不息的是科学，甚至当其病情危急，延续其生命之火的还是科学。

教师通过讲好冯德培先生的故事，引导学生树立专业志向，培养学生求真务实的科学精神，学习老一辈科学家矢志报国的家国情怀。

2. 讲好“诺贝尔生理学或医学奖”得主霍奇金和赫胥黎的故事，引导学生树立严谨治学、不断进取的科研态度和团结协作的科研精神

可兴奋组织在受到刺激发生兴奋时，会出现动作电位这种电变化，动作电位对组织细胞产生生理反应起着先导和触发作用，动作电位的产生是骨骼肌收缩的前提。

霍奇金和赫胥黎是校友，二人先后毕业于剑桥大学。1939 年，22 岁的赫胥黎接受了霍奇金的邀请，开始对细胞导电性进行研究，第一次成功地从细胞内记录到了动作电位。然而，第二次世界大战爆发，二人仅合作了几个月便被迫中止。“二战”结束后，霍奇金和赫胥黎再次合作，继续对动作电位进行研究。虽然之前的研究已经观察和记录到了动作电位，但他们并不清楚动作电位的发生机制。由于每次动作电位持续的时间极短，仅为 1ms 左右，为了能够研究不同膜电位条件下细胞膜电流和膜通透性，他们创造性地发明了电压钳技术，并通过拟合的方法提出了钾离子通道的动力学特征，建立了霍奇金－赫胥黎模型。此后，他们利用这个模型对枪乌贼的巨轴突细胞的膜电位进行了计算，发现计算结果与实验的测量结果十分一致，二人也因此获得了 1963 年的诺贝尔生理学或医学奖。

霍奇金－赫胥黎模型的提出是神经科学和数学的完美结合，准确地描述了动作电位产生过程中离子通道的动力学特征。值得一提的是，赫胥黎还创造性地提出了肌丝滑行学说，并沿用至今。霍奇金和赫胥黎成功的背后必然少不了勤奋的实验工作和严谨的治学态度；另外，霍奇金擅长控制系统的设计，而赫胥黎则擅长数学的推算，也正是这种优势互补、精诚合作促成了二人最终的成功。

教师通过讲好霍奇金和赫胥黎发现动作电位原理的故事，引导学生树立严谨治学、不断进取的科研态度，在科研中培养学生的团队协作精神。

3. 讲好“糖丸爷爷”顾方舟的故事，激发学生的爱国情、强国志和报国行，培养学生刻苦钻研、孜孜不倦的科研精神

一个 α－运动神经元和受其支配的肌纤维所组成的最基本的肌肉收缩单位被称为运动单位。运动单位动员对维持骨骼肌正常生理机能有重要作用，运动神经元的损伤，严重影响骨骼肌的正常收缩。

他是一位医者仁心的大夫，被人们称为“糖丸爷爷”，他就是“感动中国 2019 年度人物”顾方舟先生。在母亲的影响下，年轻的顾方舟选择远赴苏联学医；在求学路上，为了更好地实现“悬壶济世”的初心，顾方舟听从了导师的建议，毅然决定改学病毒学。学成归国后，顾方舟来到了流行病研究所工作。此时，在祖国大地上，令人谈之色变的脊髓灰质炎正吞噬着孩子们的健康。孩子们一旦感染这种病，就意味着瘫痪在床，难以医治。为了抑制这头洪水猛兽，顾方舟临危受命，负责研究治疗脊髓灰质炎的方法，开始了研究和攻克脊髓灰质炎的漫长攻坚之路。

经过他的日夜奋战，1957 年，终于用病原学和血清学的方法证明了大多数麻痹型疾病是由脊髓灰质病毒 1 型所致。1959 年，在苏联考察时，苏联的导师赠送给他一些活疫苗。回国后，他立即成立研究小组，争分夺秒地研究活疫苗的有效性和安全性。他用动物做了 4500 张病理切片，这些切片足有四层楼那么高。验证疫苗的安全性对于顾方舟团队来说，需要分秒必争，特殊时刻他们奉献自己、动员家人，共同参与疫苗安全性试验，10 天的观察期过后，大家喜极而泣：疫苗是安全的！此后，经过艰苦的历程，在顾方舟的领导下，顺利完成了疫苗的 2 期和 3 期试验，并克服无数困难，建立了疫苗生产基地。

但是，疫苗是苦味的液体，孩子们很抵触。这又给顾方舟提出了新的课题，如何制造出方便运输且小孩爱吃的疫苗呢？一天，顾方舟看到三岁的儿子拿着糖果，他灵感迸发，为什么不能把疫苗装进糖丸？就这样，经过反复的试验，上亿中国儿童都吃过的“糖丸”正式诞生。经过顾方舟和其团队的艰苦奋斗，2000 年，世界卫生组织宣布中国彻底消灭了野生脊灰病毒的传播，成为无脊灰国家。

“感动中国”组委会给予顾方舟的颁奖词是：“舍己幼，为人之幼，这不是残酷，是医者大仁，为一大事来，成一大事去，功业凝成糖丸一粒，是治病灵丹，更是拳拳赤子心，你就是一座方舟，载着新中国的孩子，度过病毒的劫难。”

教师通过讲好顾方舟的故事，培养学生默默奉献、敢于攻关、不惧困难的精神，引导学生树立坚定的爱国之心和报国之志。

4. 讲好卢鼎厚教授的故事，引导学生树立扎根专业的坚定信念和矢志报国的专业志向

无论是普通人还是优秀运动员，锻炼时运动负荷过大都会产生不同程度的延迟性肌肉酸痛，并伴随骨骼肌肌纤维超微结构的损伤性变化，严重影响了普通人群的生活质量和运动员的训练质量。因此，对延迟性肌肉酸痛的发生机制及预防与治疗的研究尤为重要。北京体育大学卢鼎厚教授长期致力于针刺治疗运动后延迟性肌肉酸痛和骨骼肌损伤的研究，取得了显著成果。

1949 年，卢鼎厚从北平中国大学转入上海圣约翰医学院学习，1951 年被选为中华全国篮球选手，有幸成为新中国第一次参加奥运会的运动员之一。在赫尔辛基，当看到五星红旗第一次在奥运会赛场上高高飘扬时，卢鼎厚感到无比自豪，流下了激动的泪水。1957 年，北京体育学院运动生理研究生班毕业后的卢鼎厚留校担任助教，不久后帮助女子跨栏队队员进行训练。在训练中，为使队员取得好成绩，卢鼎厚鼓励队员要加大训练量。但意想不到的事情发生了，某名队员由于训练刻苦，导致髌骨磨损，肌肉损伤严重，不得不遗憾地离开赛场。此事成为卢鼎厚心中的一个“疙瘩”，他不明白为何会出现这种情况，决心弄清楚其中的原委，找到解决的办法。1973 年，卢鼎厚将肌肉损伤防治作为研究方向，并在赵继祖医师的指导下向山西的一位医生学习阿是穴斜刺治疗肌肉损伤的方法，疗效很好。作为未曾学过中医的人，为了掌握针灸的技巧，卢鼎厚先是用猪肉、牛肉练习扎针，后来为了准确掌握方法，直接在自己的大腿上进行练习。功夫不负有心人，卢鼎厚成功地掌握了阿是穴斜刺疗法，并运用该方法帮助许多受伤运动员恢复了正常的训练、工作和生活。然而，卢鼎厚并没有止步于此，为了弄清楚其中的原理，他带领学生进行了大量实验。通过实验，卢鼎厚及学生段昌平等发现，超负荷运动后，肌肉收缩结构当时没有明显改变，但在 10 ~ 24 小时后就会出现越来越显著的延迟性结构改变。此后，在二十多个单位的协助下，通过实验证实了这一论断，同时，也证明了阿是穴斜刺疗法是通过加强收缩蛋白的合成代谢过程，促进肌肉收缩结构正常，达到恢复运动功能、缓解疼痛的独特作用。至此，卢鼎厚终于弄清楚阿是穴斜刺治疗肌肉损伤的原理，也解开了他心中多年的“疙瘩”。从此以后，卢鼎厚便全身心地投入到阿是穴斜刺的临床应用研究，成为我国骨骼肌研究领域的先行者。

从学生球员到国家男篮队员，再到运动生理学教授，卢鼎厚从未停止过思考。卢鼎厚曾说过，在医学院学习的时候，学校校训是“学而不思则罔，思而不学则殆”，这对他影响很大。此后的教学生涯，他一直提醒自己要教会学生如何思考而不仅仅是背诵。卢鼎厚是北京体育大学第一位主持国家自然科学基金课题的学者，专门研究骨骼肌细胞的微细结构。作为教育工作者，他不仅能做基础性研究工作，而且还能将研究运用到实践中，亲自使用阿是穴斜刺治疗法为许多患者解除了疾患。退休后，卢鼎厚并没有停下学习的脚步，于1999年获得执业中药师资格。另外，为了向医学界和全社会推广阿是穴斜刺疗法，卢鼎厚举办了多场讲座，并于2011年以年龄最长的参会者身份参加第九届全国体育科学大会，与参会人员进行广泛交流。卢鼎厚曾说："过度的运动会使肌肉劳损，进而积劳成疾，对人的健康造成严重危害，肌肉劳损的预防和治疗非常重要。尽管相关的问题仍需要长时间去研究和解决，我可能看不到问题的完全解决，但我期待着开始。"

教师通过讲好卢鼎厚教授的故事，培养学生热爱专业，坚定理想信念，在专业领域坚持不懈，几十年钻研一个问题，不断开拓进取的科学精神。

5. 讲好高强和尹吟青教授的故事，培养学生勇于探索、默默奉献的科研精神，建立用理论指导运动实践的专业思维

骨骼肌收缩时的肌电活动通过电极的引导、显示器显示和数据采集，可以转化为医学诊断和科学研究的可靠依据。利用肌电图在体育领域进行科研，特别是在骨骼肌中进行机能研究是常用的方法之一。北京体育大学的高强和尹吟青教授，在肌电图无损伤测定肌纤维类型的研究中是重要的先驱者。高强和尹吟青相识于北京大学，1954年，毕业后的高强、尹吟青被分配到中央体育学院，在运动生理学教研室任教，与几位青年教师一起承担运动生理学教学任务。在教学工作中，他们深刻地认识到想要真正讲好一堂课，必须要联系体育运动实际，将理论运用到运动实践中去，只有这样学生们才会喜欢这门课。

20世纪70年代初，尹吟青被分配到学校的青训大队，承担女排队伍的跟队医务监督工作。在当时的女排队伍中，就有日后成为女排名将的陈招娣、曹慧英等，大家都亲切地称她"尹大夫"。尹吟青除了承担部分队医工作外，还要根据队员的表现和状态，和教练一起制订训练计划。

1980年之后，改革的浪潮让高强和尹吟青倍感振奋，深受鼓舞的高强在图书馆埋头阅读生理学方面的书籍，他明显地看到了国内生理学发展与发达国家的差距，国外众多的学术成果令高强感到震惊，尤其是看到骨骼肌纤维类型对运动员选材和运动训练的影响方面的研究后，更是令他兴奋不已。当时我国在骨骼肌纤维类型方面的研究仍处于空白状态，发现了运动生理学的研究空白，就找到了研究的突破口。高强、尹吟青的研究成果《肌纤维组成无损测定方法和仪器》于1988年获得国家科委颁发的国家发明奖三等奖及国家体委颁发的体育科技进步一等奖。教学科研中的好搭档、日常生活中的默契伴侣，两位老人如今已经携手走过近70年的风风雨雨。

教师通过讲好学术伉俪高强、尹吟青教授的故事，引导学生树立用理论指导运动实践的专业思维，培养学生勇于探索和刻苦钻研的科学家精神。

四、课后思考

1. 通过对神经肌肉接头理论的学习，谈谈你对求真务实科学精神的理解。

2. 通过对肌电图应用的学习，请你思考如何用理论指导运动实践？

3. 结合老一辈科学家对骨骼肌损伤防治的研究，请你思考如何用新技术进行运动性骨骼肌损伤的防治？

（执笔：于 亮 雷槟恺）

第三章　血　液

本章主要介绍血液的组成和理化特性、运动对血液的影响、运动对血液凝固和纤溶能力的影响、运动员血液、血型与输血原则、血液中重要指标参考值及意义等内容。

一、教学目标

1. 知识与技能目标

（1）掌握内环境的概念，血液的组成成分、生理功能、理化特性及血型与输血原则等生理知识。

（2）掌握一次性运动对血量、血细胞的影响，长期运动对红细胞的形态、数量、功能的影响。

（3）掌握血红蛋白在运动训练中的应用。

（4）了解运动对血液流变、血液凝固与纤溶能力的影响。

（5）了解运动员血液的特征和生理意义。

2. 过程与方法目标

结合血型发现的过程，引导学生学会发现问题、思考问题、解决问题的方法；结合本章相关实验课，培养学生的创新精神和实践能力；结合对社会、体育热点事件的解读，引导学生了解血液兴奋剂的危害。

3. 情感、态度和价值观目标

培养学生追求真理和敢为人先的科学家精神；培养学生的奉献精神和公民意识；增强学生利己助他的公民意识；培养学生的家国情怀与爱国热忱；增强学生珍爱生命和自我保护意识；增强学生的职业道德和法治观念；培养学生尊

重规则与公平竞争的奥林匹克精神；培养学生的批判精神和辩证思维。

二、课程思政元素分析

课程思政元素分析见表 3–1。

表 3–1 血液——课程思政元素分析

课程知识点	课程知识点与思政元素融合案例	思政目标
血型	卡尔·兰德斯坦纳发现ABO血型系统的故事	培养学生追求真理、敢为人先的科学家精神
	“熊猫血”的故事	培养学生的奉献精神和公民意识
输血原则	世界献血者日	增强学生利己助他的公民意识
血液处理与保存	易见龙教授建立“昆明血库”的故事	培养学生的家国情怀与爱国热忱
血液功能	“血液疗法”乱象	增强学生的职业道德和法治观念
	“新冠肺炎”康复者“恢复期血浆”输注效果	培养学生的科学精神和奉献精神
	艾滋病防控的现状	增强学生珍爱生命和自我保护意识
运动员血液	运动员血液回输危害	培养学生尊重规则与公平竞争的奥林匹克精神
	埃罗·门蒂兰塔的故事	培养学生的批判精神和辩证思维能力

三、课程思政教学案例

1. 讲好科学家与科学发现的故事，培养学生追求真理、敢为人先的科学家精神

血型是红细胞膜特异性抗原的类型。这种抗原是由种系基因控制的多态性抗原，称为血型抗原。自 1901 年第一个人类血型系统——ABO 血型系统被发现以来，至今已发现 35 个不同的红细胞血型系统，抗原近 300 个。

尽管当前人们对血型和输血的研究取得了长足进步，然而，人类为此曾经走过了一段曲折的道路。自古以来，人类对血液就有着莫名的崇拜，现在仍然有部分民族保持着血祭的风俗。由于当初人们对血型并不了解，认为红色的血

液都是一样的，人和动物的血可以通用。所以，当用绵羊的血输给失血过多的伤员而造成伤员死亡时，人们误以为这是失血过多而导致的。此外，古人的滴血认亲的思维模式也是因为他们对血型本质的不了解。

19 世纪末至 20 世纪初，奥地利著名的医学家、生理学家卡尔·兰德斯坦纳在机缘巧合下发现正常人血清中存在一种凝集素,可以凝集其他人的红细胞。他立即联想到输血反应，随后开展了大量研究，最终发现了 ABO 血型系统。

ABO 血型系统的发现，为临床输血铺平了道路，挽救了无数人的生命。兰德斯坦纳对于人类血型的重大研究成果为安全输血和治疗新生儿溶血症提供了科学的理论基础。兰德斯坦纳对血型遗传本质的重大发现，是当时刚刚诞生不久的孟德尔遗传学获得的人类医学方面的第一个重要证据。此外，免疫学、遗传学、法医学等领域也因此取得重大突破。兰德斯坦纳在 1930 年被授予诺贝尔生理学或医学奖，被誉为“人类血型之父”。

我们应该用开放的头脑来接受新思想，不应该完全反对推测。

——卡尔·兰德斯坦纳

教师通过讲述卡尔·兰德斯坦纳认真执着、孜孜以求、探索发现 ABO 血型系统的故事，培养学生追求真理、敢为人先的科学家精神。

2. 讲好“熊猫血”的故事，培养学生的奉献精神和公民意识

目前发现的人类红细胞血型系统有 35 个，在临床试验中，除了 ABO 血型系统外，Rh 血型系统也具有重要的临床意义。Rh 是恒河猴（Rhesus Macacus）英文名称的前两个字母。1940 年，兰德斯坦纳等科学家在做动物实验时发现，恒河猴和多数人体内的红细胞上存在 Rh 血型的抗原物质，因此命名为 Rh 血型系统。Rh 血型系统含有 5 种抗原，即 C、c、D、E、e（不存在 d 抗原）。凡红细胞含 D 抗原者为 Rh 阳性，用 Rh（+）表示，反之为 Rh 阴性，用 Rh（–）表示。Rh 血型的发现为指导输血工作，提高新生儿溶血病的实验诊断和保护母婴健康提供了科学依据。值得指出的是，人类大部分为 Rh 阳性血型，Rh 阴性血型为罕见的血液类型。由于 Rh（+）血液中的抗原会刺激 Rh（–）人体产生 Rh 抗体，故 Rh（–）者不能接受 Rh（+）者的血液。Rh（–）血型的分布因种族不同而差异很大。在欧美人中，Rh（–）血型的比例在 15% 左右，而在亚洲人中，Rh（–）血型的比例仅为 0.3% ~ 0.4%，因而 Rh（–）

俗称为“熊猫血”。

海南大学的哈萨克斯坦留学生鲁斯兰每年参加两次无偿献血，奉献“熊猫血”。2013 年 9 月 7 日，习近平主席在纳扎尔巴耶夫大学演讲时称赞他为中哈两国人民友好交往的使者。鲁斯兰说：“很愿意继续为中哈两国友好交往作出自己的贡献！”习近平主席讲述鲁斯兰捐献“熊猫血”的故事，既表明了中哈人民心心相印、情同手足的友谊，同时也表明两国青年是两国友谊的使者，为发展中哈全面战略伙伴关系贡献青春和力量。

2022 年，北京冬奥会取得了巨大成功。然而，在冰雪运动的速度与激情背后，是高达 14% 左右的受伤率。由于欧美国家参赛人数众多，“熊猫血”血源稀少而需求量大，这是冬奥会血液保障面临的严峻考验。北京市红十字血液中心“稀有血型爱心之家”的应急献血志愿者队伍为此立下大功，由 560 多名“熊猫血”志愿者为冬奥随时待命。2017 年底，作为赛区所在地，北京、河北的 8 家血站建立了跨区域合作的稀有血液库。在全国范围内，省际血液联动机制也随即启动，各地血站纷纷加入筹备稀有血型血液的队伍当中。1200 多单位“熊猫血”从全国各地汇聚到北京，经过深低温技术处理存入冷冻血库，成为北京冬奥会血液保障工作的“压舱石”。

教师通过讲述“熊猫血”的故事，培养学生的奉献精神和增强学生的公民意识。

3. 讲好世界献血者日的起源，增强学生利己助他的公民意识

2004 年，世界卫生组织、国际红十字联合会、献血者组织国际联合会、国际输血协会等机构将“人类血型之父”——卡尔·兰德斯坦纳的生日（6 月 14 日）定为第一个世界献血者日。

确立世界献血者日的宗旨在于，通过这一特殊的日子颂扬自愿无偿献血者的无私奉献之举，同时希望全社会更加深入地认识自愿无偿献血的重要性，鼓励更多的人尤其是青年，成为合格的经常献血者，在需要拯救生命时提供可使用的安全血液。

2020 年世界献血者日主题为：安全血液拯救生命。定期献血者是最安全的献血者，他们是满足需要输血的所有患者需求的可持续国家血液供应的基础。随着越来越多的国家实现 100% 自愿献血的目标，人们认识到定期献血的自愿无偿献血者的重要作用，而拥有合格的献血者队伍已成为各国优先关注发展的重要任务。无偿献血是中华民族优良品德的一种具体表现，是救死扶伤的崇高行为。1998 年 10 月 1 日起，我国施行《中华人民共和国献血法》，确立了我国实行无偿献血制度，标志着我国无偿献血工作进入法制化管理轨道。尽管《中华人民共和国献血法》颁布实施后，在采供血服务体系建设及血液质量和安全管理方面成效显著，但是在医疗卫生事业快速发展的形势下，我国血液工作依然面临着挑战。

教师通过讲述世界献血者日的起源和我国无偿献血制度，增强学生尊重法律法规、利己助他的公民意识。

4. 讲好中国科学家爱国志与报国行的故事，培养学生的家国情怀与爱国热忱

每年输注血液和血液制品可以挽救数百万生命，但各国之间和各国内部获得安全血液和血液制品的水平存在显著差异。因此，在许多国家血液服务面临严峻挑战。抗日战争时期，我国现代输血事业的奠基人、著名的生理学及血液学专家、坚定的爱国者易见龙教授于 1944 年在昆明建立了我国第一个独立的血库。1941 年，在加拿大留学的易见龙满怀抗日救国之心，赴美国为抗日前线战士筹建“华人血库”。他先在纽约学习输血疗法与血库管理，后到费城学习血浆提制、干血浆制备及各个环节的操作，包括机修等全套技术。1943 年 6 月 7 日，“华人血库”在纽约宣告成立，易见龙教授任主任。1944 年 2 月，易见龙教授率“华人血库”全体人员携带仪器设备 200 余箱及所制得的干血浆启程回国。迂回曲折，5 月底到达昆明后，随即成立了我国第一个血库——“昆明血库”。一年之内制成干血浆或液体血浆近 3000 瓶，均送往抗日前线抢救伤员，为抗日救亡作出了贡献。1952 年，因抗美援朝的需要，易见龙教授临危受命在沈阳建立了新中国的第一个大型血库，并指导血库工作，1953 年抗美援朝战争胜利后返回湘雅医学院工作。

易见龙教授的一生是革命的一生，光荣的一生，也是坎坷的一生，奋斗的一生。易见龙教授的爱国心、报国志、救国技与爱国行感人至深，他是科技救国、科技强国的践行者和领路人，是“知识就是力量”的最佳诠释！

教师通过讲好易见龙教授爱国志与报国行的故事，培养学生赤胆忠心、精忠报国的家国情怀与爱国热忱。

5. 讲好医疗卫生行业规范，培养学生的职业道德和法治精神

血液具有维持内环境的相对稳定、运输、调节、防御和保护等功能。“血液疗法”是指通过采集患者血液，对血液进行补磁、吸附、充氧、射频、净化、加药等处理，或采用物理方法在患者血管内直接处理血液的办法。

大部分血液疗法的安全性和有效性缺少科学研究和临床医学证据，且可能对人体造成危害。因此，2005 年卫生部颁发了《关于加强“血液疗法”管理的通知》，该通知指出，对于已通过国内外基础研究及临床研究评价，证明临床应用安全有效的“血液疗法”，可以在明确适应症的前提下规范应用，如“紫外线照射充氧自血回输疗法”可用于细菌、真菌和病毒感染、免疫功能低下、中毒等的临床治疗。对于已通过基础研究，但临床应用的安全性和有效性评价不明确、尚存在争议的“血液疗法”，应当首先经省级以上卫生行政部门批准，在有条件的医疗机构进行科学的、有组织的临床研究，不得作为临床服务项目向患者提供，如“激光血管内照射疗法”“激光血管内照射加输液疗法”和“半导体激光血液疗法”等。

教师通过讲好医疗卫生行业规范，培养学生的职业道德和法治精神。

6. 讲解“新冠肺炎”康复者“恢复期血浆”输注效果，培养学生的科学精神和奉献精神

血液具有防御和保护功能。血浆疗法是人类防治传染病的重要方法，特别是用于当人们患上既没有疫苗又没有特效药的病毒性疾病时使用，包括猩红热、黄热病、禽流感等。血浆疗法是通过输血方式，利用康复者血浆中某种病毒的特异性抗体迅速识别并捕捉该病毒，激活患者体内的补体系统从而清除病毒。

2003 年，在传染性非典型肺炎（SARS）暴发时，由于没有特效药，当时钟南山院士曾提议应用康复者的血浆来治疗 SARS 患者。2015 年非洲埃博拉病毒暴发时，世界卫生组织也曾推荐使用血浆疗法。2020 年当新冠肺炎疫情暴发时，张定宇院长首次表示，武汉市金银潭医院开展康复者“恢复期血浆”的输注工作取得了初步效果。康复期病人体内的新冠病毒特异性抗体数量较多、效果较好。张定宇院长康复出院的妻子曾捐献 400 毫升血浆用于帮助更多的新冠肺炎重症患者。

我们在鼓励新冠肺炎康复者进行血液捐献时，必须要保证康复者在其健康不受影响的情况下进行。且对患者的选择有严格的标准，需要进行严格的评估。康复者血浆疗法主要针对重型和危重型病人，大多数轻症患者通过科学治疗和自身免疫调节能实现完全康复，则没必要进行血浆治疗。尽管康复者血浆疗法十分被看好，但也存在一定的局限性和风险性。例如，康复期血浆抗体的有效性有待检测，抗体维持时间短，可能存在潜在危险病原等。

教师通过讲好血浆疗法对抗新冠病毒的应用效果，培养学生的科学精神和奉献精神。

7. 讲好艾滋病防控的现状，培养学生珍爱生命和自我保护意识

血液中的白细胞共有五种，即中性粒细胞、嗜酸性粒细胞、嗜碱性粒细胞、淋巴细胞和单核细胞。艾滋病病毒主要侵犯免疫系统的 CD4+T 细胞（一种辅助性 T 淋巴细胞，是人体免疫系统中一种重要的免疫细胞），此外还有单核巨噬细胞和树突状细胞。CD4+T 细胞数量持续减少，机体细胞免疫功能下降，最终导致机会性感染和肿瘤。

艾滋病病毒传播方式包括性接触传播、血液传播和母婴传播。据 2019 年国家卫生健康委员会统计，2019 年 1 ~ 10 月，全国共检测 2.3 亿人次，新报告发现艾滋病感染者 13.1 万例，新增加抗病毒治疗 12.7 万例，全国符合治疗条件的感染者接受抗病毒治疗比例为 86.6%，治疗成功率为 93.5%。截至 2019 年 10 月底，全国报告存活感染者 95.8 万例，整体艾滋病疫情处于持续低流行水平。

我国发布的相关教育类文件中，《中小学公共安全教育指导纲要》《中小学健康教育指导纲要》《中小学健康教育规范》和《普通高中体育与健康课程标准（2017 年版）》、《普通高等学校健康教育指导纲要》都要求开展有关艾滋病防治基础知识及关爱艾滋病病毒感染者和艾滋病病人等方面的教育。

教师通过讲好艾滋病防控现状，引导学生进一步了解艾滋病的传染途径、预防措施、流行现状及其危害，增强预防艾滋病的紧迫感、责任感和使命感，培养学生珍爱生命并关爱艾滋病病人的意识，提高自我保护能力。

8. 讲清运动员血液回输的危害，培养学生尊重规则与公平竞争的奥林匹克精神

红细胞中的血红蛋白作为氧运输系统中载氧的重要物质，其含量与有氧耐力密切相关。血液兴奋剂又称血液红细胞回输技术，于20世纪40年代开始使用，原来是用异体同型输血，来达到短期内增加循环系统中的红细胞数量，从而增强血液载氧能力。20世纪80年代，发明了自体血液回输术，1988年汉城奥运会，其正式被国际奥委会列入禁用范围。

在1984年洛杉矶奥运会上，之前成绩平平的美国自行车队一举夺得9块奖牌，其中包含4枚金牌，轰动体坛。后来人们发现该队领队和队医在距离奥运会开幕一周前，让队员输入别人的血液进行异体同型血输注。尽管赛后有人对美国自行车队的做法提出质疑，但当时奥运会的规则中并未禁止此行为，所以人们对此也无可奈何。然而，血液兴奋剂的使用会加重心血管血液循环负担，易引起代谢性休克；若输入别人的血，还易引发过敏反应，导致急性溶血和肾功能损害；此外，还有感染肝炎、艾滋病等血液传染病的危险，因此对运动员的身体健康会造成极大危害。

2020年9月22日，习近平总书记在教育文化卫生体育领域专家代表座谈会上的讲话中指出，要坚决推进反兴奋剂斗争，强化拿道德的金牌、风格的金牌、干净的金牌意识，坚决做到兴奋剂问题“零出现”“零容忍”。运动员使用兴奋剂是一种违法行为，不符合诚实和公平竞争的体育道德。公平竞争意味着“干净的比赛”、正当的方法和光明磊落的行为。使用兴奋剂既违反体育法规，又有悖于基本的体育道德，应当坚决杜绝。

教师通过讲述运动员血液回输事件，使学生了解血液回输技术，引导学生对奥林匹克运动伦理进行思考，培养学生尊重规则与公平竞争的奥林匹克精神。

9. 讲好埃罗·门蒂兰塔的故事，培养学生批判精神和辩证思维能力

红细胞容量增加是运动员血液的特征之一。芬兰越野滑雪运动员埃罗·门蒂兰塔参加过4届冬奥会，获得7枚奥运会奖牌，参加过2届世界锦标赛，获得5枚世界锦标赛奖牌。埃罗·门蒂兰塔成绩突出，在几次赛后血液检查中发现其血液红细胞数比其他运动员多出20%以上，因此他被怀疑使用违禁药品。然而此后30年中，科学家通过调查门蒂兰塔家族多达200人的血液样本后发现，门蒂兰塔出生时体内就已经存在着红细胞生成素受体（EPOR）基因突变，这使得他的携氧能力提升了25%～50%。因此，门蒂兰塔在参加越野滑雪比赛时，比别人速度更快、耐力更持久。门蒂兰塔的故事提示我们，看待任何问题都要采用辩证思维的方法，就是用联系的、发展的、全面的观点去思考问题，不能片面化，更不能想当然。

> 教师通过讲好埃罗·门蒂兰塔的故事，培养学生批判精神和辩证思维能力。

四、课后思考

1. 如何认识我国的义务献血制度？

2. “血液银行”是指通过宣传、发动和组织，整合社会人力资源，组建一定规模的无偿献血志愿者库。请就“血液银行”谈谈你的看法。

3. 如何认识“血液兴奋剂”？

（执笔：石丽君　张严焱　徐召霞）

第四章　循环机能

本章主要介绍循环系统概述、心脏生理、血管生理、心血管活动的调节及运动与心血管功能等内容。

一、教学目标

1. 知识与技能目标

（1）掌握血液循环系统的概念，心肌的生理特性——自动节律性、传导性、兴奋性和收缩性。

（2）掌握心动周期及心脏收缩舒张过程；熟悉心脏泵血功能评定指标和心脏的内分泌功能。

（3）掌握动脉血压产生机制及影响因素。

（4）了解心血管活动的神经调节、体液调节及局部调节过程，以及运动时心血管功能的变化及运动心脏的结构功能特点。

2. 过程与方法目标

结合心脏急救的方法，提高学生使用自动体外除颤仪（AED）的能力；结合血液循环理论的发展过程，使学生学会发现问题、思考问题、解决问题的方法；结合北京体育大学科研服务的故事，提高学生科研服务的实践能力；结合血压计发明的过程，培养学生的创新精神。

3. 情感、态度和价值观目标

增强学生的生命意识和提高学生拯救生命的能力；培养学生的发展眼光和辩证思维；引导学生树立创新意识和科技报国之志；培养学生追求真理、敢为人先的科学家精神；引导学生弘扬奥林匹克精神和中国女排精神；增强学生为国争光的责任感和专业认同感。

二、课程思政元素分析

课程思政元素分析见表 4–1。

表 4–1 循环机能——课程思政元素分析

课程知识点	课程知识点与思政元素融合案例	思政目标
心脏生理	心脏急救的常识	增强学生的生命意识和提高学生拯救生命的能力
血液循环理论	血液循环理论的发展过程	培养学生的科学思维和大胆假设、认真求证的科学态度
动脉血压	血压计发明的故事	培养学生树立创新意识和科技报国之志
	放血疗法的谬误	培养学生的发展眼光和辩证思维
心脏生理	沃纳·福斯曼科学发现的故事	培养学生追求真理、敢为人先的科学家精神
运动员心脏	女排运动员惠若琪的拼搏故事	引导学生弘扬奥林匹克精神和中国女排精神
	罗雪娟奥运夺冠和北京体育大学科研服务的故事	增强学生为国争光的责任感和专业认同感
	科学运动的理念	培养学生的辩证思维和提高学生的健康意识

三、课程思政教学案例

1. 讲好心脏急救常识，增强学生的生命意识和提高拯救生命的能力

生命过程中，心脏不断做收缩和舒张的交替活动，为血液流动提供动力。由于个体差异，正常心跳次数波动在 60 ~ 100 次 / 分。若按 70 次 / 分计算，心脏一天跳动可达 10 万次。一生按 70 岁计，心脏总搏动次数超过 25 亿次。

心脏骤停是指各种原因导致的心脏射血功能的突然中止，是临床最紧急的危险情况，如果不及时处理，会造成全身组织器官尤其是脑的不可逆损害。《中国心血管病报告 2011》指出，我国每年因心脏疾病猝死的人数多达 55 万，每天猝死的人数在 1500 左右。其中 90% 发生在公共场所或家庭，抢救成功率不

到1%。在心脏急救中，黄金抢救时间仅4分钟。一旦发生心脏骤停，如果不及时予以治疗，就会导致猝死。如果在心脏骤停的1分钟内使用自动体外除颤仪（AED）对患者进行电击除颤，救活概率为90%。因此，应该鼓励全民学习心脏急救知识，提高急救意识，普及院前急救设备，健全急救相关法律法规，全面提高公众的急救能力。

教师通过讲述心脏急救常识，鼓励学生掌握必要的急救知识，增强学生的生命意识和提高拯救生命的能力。

2.讲好血液循环理论的发展历程，培养学生的科学思维和大胆假设、认真求证的科学态度

心脏是血液循环的动力装置，是实现泵血功能的肌肉器官。心脏不断做收缩和舒张的节律性活动，引起瓣膜节律性开启和关闭，推动血液沿单一方向循环流动，将血液输送到身体各部位。

然而，人类对血液循环的认识经历了从传说和宗教解释走向科学和理性的道路。直到17世纪，英国著名的生理学家和医生——威廉·哈维发现了血液循环的规律，奠定了近代生理学科发展的基础。

为了明确血液循环的路径，哈维首先研究了心脏的结构。哈维在解剖心脏实验中明确指出，心脏分为左右心室和左右心房，心室间壁厚而致密，因此排除了心室间进行血液交换的假说。哈维发现心脏、动脉和静脉构成了一个单一连续的循环系统。心脏作为整个血液运动的动力器官，可进行收缩与舒张活动。心脏收缩使鲜红的富含营养的动脉血从左心室泵入主动脉；心脏舒张可使心脏充盈新鲜的血液，同时由于心脏瓣膜和静脉瓣的存在，静脉血单向流入右心室，再经肺动脉流入肺脏，在此暗红的缺乏营养物质的血液转化为鲜红的富含营养的血液，之后从肺静脉流入左心房，再经左心室泵入主动脉和动脉系统。哈维通过定量计算验证了“血液从静脉经心脏流入动脉的单向运动”的循环理论，成功地将机械论模式引入生理学。已知左心室的容血量为2英两（盎司），心脏每分钟跳动约72次，那么每小时内经心脏排出的血液量为8640英两（盎司），大约是三个成年人的体重。显然，任何器官都无法容纳如此庞大的血液量而不被胀破，哈维认为这一现象的唯一解释是血液是通过全身作循环运动的。

哈维通过实验说明，心脏每20分钟排出的血液就等于身体内血液的总量；

因而血液在流动中不可能完全耗尽，而是在不断地循环流动。哈维也通过实验证实了血液的流动方向，指出静脉血都是向心脏流动的，静脉瓣的作用就在于防止血液倒流。最后，哈维否定了血液循环的起点在肝脏的错误论点。在解决了心脏和血液运动的机械问题以及论证了静脉瓣的真实功能后，哈维已经抛弃了关于灵气产生及不同灵气分布的观点，他证明了医学巨人克劳迪亚斯·盖伦关于血液运动理论的错误之处，基本上论证了心血管的结构和功能。但由于没有利用显微镜，在哈维工作中存在的主要问题是不能把动、静脉系统联系起来，因此他不得不以“吻合”或“血管毛孔”假设将动、静脉联系起来。这一工作后来是由意大利医学家马塞洛·马尔比基最后完成的。马尔比基利用显微镜拓展了解剖研究的界线，完成了心血管的毛细血管理论。

哈维正如几百年来所有的医生一样，日复一日地被灌输盖伦的理论，而且对这种理论的掌握程度当时被视为正统和成功的凭证。哈维突破经典理论的束缚，发现了血液循环和心脏的功能。这一发现具有划时代意义，标志着新的生命科学的开始，是科学革命的重要组成部分。

教师通过讲述血液循环理论的发展历程，培养学生的科学思维和大胆假设、认真求证的科学态度。

3. 讲好血压计发明的故事，培养学生树立创新意识和科技报国之志

动脉血压是指主动脉压，通过测量上臂肱动脉血压来代表主动脉压。人体动脉血压测定最常用的方法是袖带间接测压法，利用袖带压迫动脉使动脉血流发生湍流并产生血管音，通过听诊器听取血管音来测量血压。

血压计的发明是人类认知和技术手段进步的重要见证。18 世纪初，英国医生哈尔斯将一根 9 英尺（1 英尺 =0.3048 米）长的玻璃管与一根铜管的一端相连接，将铜管的另一端插入马腿的动脉内，然后使玻璃管垂直，让马腿动脉内的血液沿着玻璃管上升，最终测得马的动脉血压为 83 英寸（1 英寸 =2.54 厘米）的高度。然而，这一测量方法既不安全，也不方便，且会造成血管破裂，因此难以应用到人身上。直到 1896 年，意大利人里瓦罗克西在哈尔斯的基础上进行大胆改革，研发出不破坏血管，由袖带、压力表和气球三个部分构成的血压计。在测量血压时，将袖带缠绕在手臂上部，用手捏压气球，并观察压力表跳动的高度，以此推测血压的数值。这种血压测量方法较之哈尔斯的测量方法更为科学和安全。但是，它只能测量动脉的收缩压，而且测量出的数值是推测值，缺乏准确性。随后，俄国人尼古拉科洛特科夫在里瓦罗克西的血压计的基础上，在袖带里面靠肘窝内侧动脉搏动处放置听诊器。在测量时，当听到听诊器中传出的第一个声音时，水银柱所达到的高度即为收缩压，接着水银柱下降，到脉搏跳动声音变弱或消失时，此时水银柱所在的高度即为舒张压。大量临床证据表明这是测量血压的科学、安全而准确的方法，一直沿用至今。

教师通过讲好血压计发明的故事，培养学生的创新精神。

4. 讲清楚放血疗法的谬误，培养学生的发展眼光和辩证思维

动脉血压指血液对单位面积动脉管壁所产生的侧压力。血液充盈、心脏射血、外周阻力和大动脉弹性贮器作用是形成动脉血压的基本条件。我国健康青年人安静状态收缩压为 100 ~ 120 mmHg，舒张压为 60 ~ 80 mmHg。安静时收缩压超过 140 mmHg 和 / 或舒张压持续超过 90 mmHg，即可认为是高血压。目前，高血压病的基础干预手段包括生活规律、低盐饮食、规律运动等；药物治疗包括利尿剂、肾上腺素能受体阻滞剂、血管扩张剂、血管紧张素转换酶抑制剂、钙通道阻滞剂、中药药剂等。

希腊医学家希波克拉底认为肥胖是很危险的，它和猝死相关。他确信卒中会引起肢体瘫痪，而脑卒中是由脑部供血过多导致的。他建议对卒中患者进行放血治疗。这种放血治疗高血压病的方法一直沿用到 18 世纪。后来，随着人们对高血压病发病机制的深入研究，高血压病的放血疗法已经走下神坛。因为，在进行放血治疗的同时可能会对血管造成刺激，人体发生动脉粥样硬化的可能性也会增大，甚至可能出现血管破裂等并发症。此外，多数高血压病患者的血脂较高，血液相对黏稠，进行放血治疗会增加血栓类疾病的发病风险。目前，高血压病患者的降压治疗需要长期服用药物，养成健康的生活方式，提倡低盐清淡饮食，并进行适当的锻炼。

教师通过讲好放血疗法的谬误，培养学生的发展眼光和辩证思维。

5. 讲好沃纳 · 福斯曼科学发现的故事，培养学生追求真理、敢为人先的科学家精神

心脏介入治疗是一种无须开胸的心血管疾病诊断与治疗技术，在影像学方法的引导下，经过穿刺体表血管，借助某些器械，将导管送到病变部位，通过特定的心脏导管操作技术对心脏病进行确诊和治疗。

诺贝尔生理学或医学奖获得者沃纳·福斯曼拉开了人类心导管介入治疗的序幕。在福斯曼的时代，心跳骤停的急救都是经胸壁向心脏直接注射抢救药物。尽管伦琴的 X 射线和爱因托芬的心电图技术都已经逐渐进入临床应用，但 X 射线无法观察类似心脏这样的软组织，而心电图只能从生理、节律上了解心脏的活动状态。因此，通过这两种方式无法从结构上了解心脏的损伤或缺陷。福斯曼认为只有能触及心脏内部的检查方法，才能真正适应未来的心脏外科发展。

1861 年，埃蒂尔·马勒与奥古斯丁·肖弗把一根细导管插入一匹站立的意识清醒的马的颈动脉，并直入心脏，测出了马的心室内压力。整个过程中并没有影响到马的心脏功能。这一实验深深地启发了年轻的沃纳·福斯曼。他认为如果导管能够经静脉到达心脏，就能直接对心脏进行药物干预，或者注射显影剂，或者测量血压。然而，导管插入是关键，因为当时普遍的观点认为，只要接触到心脏都将置人于死地！ 1929 年，年仅 25 岁的沃纳·福斯曼顶着重重压力，对自己进行了手术。局麻见效后，暴露出肘正中静脉，他将一根软导尿管涂抹上无菌的橄榄油，插入约 30 厘米。福斯曼从 X 光机观察到导管沿静脉最终插入右心房，并拍下震惊世界的人类历史上第一张“心脏导管影像”。

福斯曼以过人的勇气、胆识及坚强的意志完成了对人类自身的一次伟大探索！ 1956 年，福斯曼获得了诺贝尔生理学或医学奖。

> 黑格尔说过：“要是没有热情，世界上任何伟大事业都不会成功。”
>
> 教师通过讲述沃纳·福斯曼科学发现的故事，培养学生追求真理、敢为人先的科学家精神。

6. 讲好中国女排运动员的拼搏故事，培养学生的奥林匹克精神和中国女排精神

心率是了解循环系统机能的简单易行的指标，也是反映身体整体代谢水平的重要指标。心率有明显的个体差异，不同年龄、性别和代谢水平的健康人群，心率都不相同。成人正常安静心率在 60 ~ 100 次 / 分之间，若超过 100 次 / 分称为窦性心动过速，低于 60 次 / 分则称为窦性心动过缓。“心律不齐”指的是心跳或快或慢，超过了一般范围。心脏自律性异常或传导障碍可引起心动过速、心动过缓或心律不齐。

中国女排出征 2015 年第 12 届世界杯前一周，队长惠若琪突然发生特发性室性心动过速，已经危及生命，需要马上进行心脏导管介入手术。惠若琪回忆手术情形时描述，当时心跳最快达到了 250 次 / 分。然而，在队长惠若琪缺阵的情况下，中国女排发挥了团队精神，最终以 10 胜 1 负的战绩，夺取了本届女排世界杯的冠军。

2016 年，在距离里约奥运会不到 5 个月的时候，惠若琪心脏病复发，并成功进行了第二次手术。在教练郎平和运动科学专家的专业指导下，火线复出的惠若琪在里约奥运会上又一次展现了女排姑娘顽强战斗、勇敢拼搏的精神，发挥出色，率领中国女排最终获得了奥运会冠军。

教师通过讲好中国女排运动员的拼搏故事，培养学生的奥林匹克精神和中国女排精神。

7. 讲好罗雪娟奥运夺冠和北京体育大学科研服务的故事，增强学生为国争光的责任感和专业认同感

运动员过度疲劳时，安静心电图有时会出现过早搏动等异常情况。罗雪娟在备战 2004 年雅典奥运会期间，心脏发生早搏，心脏病学专家劝其退役。但“游泳女皇”罗雪娟凭借为国争光的坚定信念和奥林匹克精神，在北京体育大学运动医学专家科学训练指导和科研服务保障下，及时恢复状态，最终获得了雅典奥运会金牌。罗雪娟在采访中曾说，“运动员就是半个军人，我们穿上国服，披上国旗，那种（为国争光的）责任感一定是要有的”。在罗雪娟备战和参赛的过程中，北京体育大学的科研团队提供了坚实有力的保障工作，该科研成果也获得了国家科技进步二等奖。

教师通过讲述罗雪娟奥运夺冠和北京体育大学科研服务的故事，增强学生为国争光的责任感和专业认同感。

8. 讲好树立科学运动的理念，培养学生的辩证思维和提高学生的健康意识

运动心脏是机体接受长期系统运动刺激后所发生的对运动的良好适应，主要表现在运动性心脏肥大、能量节省化和心力贮备增加等方面。

适度的运动有助于防治慢性心血管疾病，改善患者身体状况。然而，大量动物实验研究表明，机体完成长时间剧烈运动后，心肌会发生一系列结构和功能变化。运动导致心肌细胞出现微损伤，且这种损伤在运动后一段时间会持续加重，随后才逐渐恢复。在这段时间，心脏泵血功能也会先出现一定程度的降低，随后恢复正常。

过度的体育锻炼不但不能带来运动收益，还可能导致心脏损害。研究发现，运动员在运动过程中可能发生心源性猝死。据估计，每 10 万名年轻运动员中有 1 ~ 3 人会在运动过程中突然发生异常心律并猝死。男性发病率是女性的 10 倍之多。据统计，长跑和马拉松运动员死于心血管疾病的比例占 77.5%，马拉松长跑时心脏会出现短暂性的受损现象，这可能是造成猝死的原因。因此，运动员进行剧烈运动前必须做好机能评定，并科学安排训练和比赛。

树立科学运动的理念，培养学生的辩证思维能力和提高学生的健康意识。

四、课后思考

1. 我们应如何评价网络上流传的诸如“人生而能跑”这样的“跑步圣经”？
2. 我们应如何看待 AED 的作用和“黄金 4 分钟”的心脏急救法则？
3. 我们应如何评价“女排精神”的时代价值？

（执笔：石丽君　张严焱　徐召霞）

第五章 呼吸机能

本章主要介绍呼吸运动和肺通气机能、气体交换和运输、呼吸运动的调节及运动对呼吸机能的影响等内容。

一、教学目标

1. 知识与技能目标

（1）掌握呼吸的概念及全过程；了解呼吸道的主要功能。

（2）掌握肺通气和肺换气的原理及主要影响因素。

（3）了解呼吸运动的神经调节和体液调节。

（4）掌握运动时肺通气、肺换气机能的变化。

（5）掌握运动时的合理呼吸。

2. 过程与方法目标

结合肺通气、肺换气的影响因素以及运动时的呼吸调节实例分析，使学生学会发现问题、思考问题和解决问题的方法；通过肺功能测定教学，掌握呼吸系统功能的主要评价指标和测试方法及技巧。

3. 情感、态度和价值观目标

提高学生对环境污染的关注度，加强学生的环保意识；劝导学生珍爱生命，远离吸烟，引导学生养成良好的生活习惯，培养学生的政治认同；培养学生责任担当、明辨是非的能力；培养学生甘于奉献、不怕牺牲的精神及爱国情怀；培养学生的仁爱之心和责任担当意识；培养学生的创新意识，并树立为全民健身、大众健康服务的职业理想；提高学生的安全防范意识。

二、课程思政元素分析

课程思政元素分析见表 5–1。

表 5–1　呼吸机能——课程思政元素分析

课程知识点	课程知识点与思政元素融合案例	思政目标
呼吸系统	空气污染的故事	提高学生对环境污染的关注度，加强学生的环保意识
肺的结构	慢性阻塞性肺疾病的故事	劝导学生珍爱生命，远离吸烟
	防控肺结核病故事	引导学生养成良好的生活习惯，培养学生的政治认同
肺内压	讲好身边的感人的故事	培养学生责任担当和明辨是非的能力
肺通气、肺换气	抗击“新冠疫情”的故事	培养学生求真务实、科学严谨的科研态度和甘于奉献、不怕牺牲的爱岗敬业精神
	海姆立克急救法	培养学生的仁爱之心和责任担当意识
肺功能评价	肺功能检查指标的演变过程	培养学生的创新意识，并树立为全民健身、大众健康服务的职业理想
气体运输	一氧化碳中毒原理	提高学生的安全防范意识

三、课程思政教学案例

1. 讲好“空气污染”的故事，提高学生对环境污染的关注度，加强学生的环保意识

大气污染物对人体的危害是多方面的，可引发慢性支气管炎、支气管哮喘、肺气肿及肺癌等疾病，严重危害人类健康。2013 年 10 月，国际癌症研究机构将“室外空气污染”确定为新的致癌物，其致癌级别与吸烟、紫外线辐射和甲醛等归为一类。根据国际癌症研究机构公布的数据，2010 年全球因肺癌死亡的患者中，约有 22.3 万人与大气污染直接相关。

党的十八大以来，国家高度重视生态文明建设，提出了一系列重大战略思想，做出一系列重大决策部署：（1）加快推进产业结构调整；（2）加速能源结构优化；（3）加强“车、油、路”统筹；（4）加强区域联防联控；（5）实施大气重污染成因与治理攻关专项。经过持续努力，我国空气质量总体明显改善，重点区域明显好转。

在学习呼吸系统时，教师可以空气污染对呼吸系统的危害为切入点，提高学生对环境污染的关注度，加强学生的环保意识，为全民呼吸系统健康做好宣传教育工作。

2. 讲好“慢阻肺”的故事，劝导学生珍爱生命，远离吸烟

肺是机体内重要的脏器之一，同时也是一些疾病的高发部位，如临床上常见的慢性阻塞性肺疾病（以下简称慢阻肺）。

慢阻肺是一种以气流受限为主要特征的阻塞性肺部疾病；慢阻肺患者的气流受限是不完全可逆的，且呈进行性发展；随着病情的反复发作，可进一步发展为肺心病和呼吸衰竭等常见慢性疾病。2018 年，文富强教授在《柳叶刀》刊发的研究结果显示，我国慢阻肺患病总人数接近 1 亿；20 岁及以上成人慢阻肺患病率为 8.6%，40 岁以上为 13.7%，60 岁以上为 27.4%；慢阻肺与高血压、糖尿病一样，成为重大疾病威胁。

研究显示，吸烟、空气污染、体质指数（BMI）过低及家族呼吸疾病史是慢阻肺的风险因素；其中，吸烟和空气污染是诱发慢阻肺的主要风险因素。长期吸烟或空气污染往往会引起一些气道方面的慢性炎症，继而引发炎症细胞在患者气道壁上的积累，从而诱发慢阻肺。

教师可结合吸烟问题，从慢性阻塞性肺疾病角度，劝导学生珍爱生命，远离吸烟，养成良好的生活习惯。

3. 讲好防控肺结核病的故事，引导学生养成良好的生活习惯，培养学生的政治认同

肺结核是一种由结核分枝杆菌感染引起的慢性传染病，该疾病可损害机体多个脏器。结核杆菌主要经呼吸道传播；人体吸入带菌的飞沫或尘埃后可感染，从而引发肺部原发病灶；此外，消化道感染、皮肤破损及性生活等因素也可引起肺结核的传播。

根据世界卫生组织发布的《2020 年全球结核病报告》，2019 年全球约

1000 万人感染结核病，其中中国约占 8.5%。

我国政府历来高度重视结核病防治工作。从 2001 年开始，我国全面推进现代结核病控制策略，各级人民政府积极履行职责，不断加大投入力度，使我国结核病发病率逐年下降。此外，我国对肺结核患者的治疗也出台了一些优惠政策。肺结核重在预防，加强对肺结核的认识，并提高警惕，倡导健康的生活方式，才能防患于未然。目前，我国已经建立起完善的肺结核防控体系，基本控制了肺结核的大面积暴发和流行。

教师通过讲解肺结核疾病，加强学生对肺结核的认识，引导学生养成良好的生活习惯；结合国家颁布的政策，培养学生的政治认同。

4. 讲好身边的感人故事，培养学生的责任担当和明辨是非的能力

人工呼吸是用于自主呼吸停止时的有效急救方法，其原理为：利用肺内压与大气压之间的压力差，采用口对口或口对鼻的方式，使空气有节律地进入肺内，然后利用胸廓和肺的弹性回缩力使进入肺内的气体排出，从而使呼吸骤停者获得被动式呼吸。

大脑或心脏的氧气供应中断 3 ~ 4 分钟即可对机体造成不可逆性损害。因此，在一些意外事故中（如溺水、心脑血管意外），当患者出现心跳、呼吸停止时，常采用人工呼吸和胸外心脏按压等急救措施，以维持机体有效的肺通气和血液循环，进而满足重要脏器的氧气供应。

2018 年 7 月，锦州医科大学医疗学院护理专业大二学生丁慧在地铁站施救晕倒八旬老人的事迹受到了广泛传播和称赞。丁慧在救治老人的过程中所采用的抢救措施就是人工呼吸和心肺复苏。

教师在讲到肺内压时，可引入这一故事，并结合现今的“老人摔倒，扶不扶”的问题，引导学生展开讨论，帮助学生树立正确的世界观、人生观与价值观，培养学生明辨是非的能力和救死扶伤、医者大爱等职业素养；弘扬主旋律，传播正能量，培养当代大学生的责任担当。

5. 讲好抗击“新冠病毒疫情”的故事，培养学生甘于奉献、不怕牺牲的爱岗敬业精神

新冠病毒感染人体之后，首先会在呼吸道中进行繁殖，因此可以通过检测唾液、鼻咽拭子中的病毒核酸判断人体是否感染病毒。最常见的检测方法为荧光定量 PCR（聚合酶链式反应）。病毒中的特异性 RNA 序列是区分该病毒与其他病原体的标志物。在 PCR 反应体系中，包含一对特异性引物以及一个 Taqman 探针，探针两端分别标记了报告荧光基团和淬灭荧光基团。若反应体系存在病毒靶序列，PCR 反应时探针与模板结合，DNA 聚合酶沿模板利用酶的外切酶活性将探针酶切降解，报告基团与淬灭基团分离，发出荧光。每扩增一条 DNA 链，就有一个荧光分子产生。荧光定量 PCR 仪可监测出荧光到达预先设定阈值的循环数（Ct 值），该值与病毒核酸浓度有关，病毒核酸浓度越高，Ct 值越小。

除核酸检测外，疫苗是抵御新冠病毒的有力武器。它能刺激机体产生抵抗新型冠状病毒的免疫力。历史上，天花、麻疹、脊髓灰质炎、乙肝等传染病，都是通过疫苗得到有效控制的。

但需要注意的是，疫苗研发是一个严谨的科学探索过程。在审批注册、投入生产前，疫苗需要通过累计三期临床试验，充分证实疫苗的安全性、有效性、稳定性。疫苗是用于健康人的特殊产品，安全性是重中之重。对于新冠病毒疫苗的研发，毫无疑问要全力以赴，争分夺秒地开展，但前提必须是秉持科学精神，尊重科学规律，把疫苗的安全性放在第一位。

同时，在 2020 年武汉新冠疫情防控期间还涌现出了一大批无私奉献的人，他们尽己所能共同抗击疫情。例如，在国家最需要的时候，不顾自身安危，奔赴防疫第一线的钟南山院士、李兰娟院士；在疫苗研发第一线争分夺秒的陈薇院士；从防疫实际需要出发提议建设“方舱医院”的王辰院士；以“渐冻”之躯，与疫情拼出“中国速度”的张定宇院长；为抗疫押送物资的汽车司机；还有从全国各地奔赴湖北及湖北本地参与疫情防治的众多医护人员；在战“疫”面前，大家精诚团结，万众一心，共战疫情。

教师在讲授肺通气、肺换气知识点时可结合“新冠疫情”事例，培养学生求真务实、科学严谨的科研态度和甘于奉献、不怕牺牲的爱岗敬业精神。

6. 讲好海姆立克急救法的故事，培养学生的仁爱之心和责任担当意识

气道异物是指存在于喉、气管及支气管中的外入性异物。气道异物可引发慢性支气管炎或肺脓肿等疾病，严重时可并发气胸和心力衰竭等。

海姆立克急救法是一种针对气道梗阻的急救方法，它是由美国外科医生亨利·海姆立克教授发明的，是目前世界上公认有效的抢救方法之一。其原理为：窒息时，患者肺内仍有部分残留气体，给膈肌以下软组织一个突然向上的冲击力，可使膈肌迅速上抬，胸腔内压力增加，从而压迫双肺，驱使肺内残存的气流进入气管，进而排出卡在气管、喉部的异物。

值得注意的是，海姆立克急救法虽有成效，但有时也会引发腹部或胸腔内脏的破裂或撕裂等并发症，这与操作者的熟练程度及患者的配合等密切相关；此外，针对不同人群（如老人、孕妇、幼儿）或处于不同状态（如清醒、昏迷）的患者，所采取的具体操作方法有所不同。

在讲授肺通气知识时，教师可进行适当拓展，讲授人工呼吸和海姆立克急救法的知识和相关案例，培养学生的仁爱之心和责任担当意识。

7. 通过讲好肺功能检查指标的演变过程，培养学生的创新意识，并树立为全民健身、大众健康服务的职业理想

肺功能检查是呼吸系统疾病必不可少的重要检查。早期评价肺功能只有肺活量（VC）这个单一指标。随着科技的不断进步及不同人群的特点，肺功能评价指标和检查仪器均不断地更新与完善。目前国内外肺功能评价指标的相关研究较多，其结果不尽相同。

肺活量（VC）可分为用力肺活量（FVC）和慢肺活量（SVC，通常以 VC 表示）。VC 与 FVC 不完全相同，前者是受试者做缓慢、最大呼气时测得的，其结果反映肺一次通气的最大能力；后者是快速、最大呼气时测得的，其结果主要反映气道阻塞情况。国内学者常采用第 1 秒用力呼气容积（FEV1）/FVC 来评价肺功能，临床上也常将 FEV1/FVC 作为慢阻肺的诊断指标。然而，国外学者的研究表示，用 SVC 代替 FEV1/FVC 中的 FVC 可提高肺功能检查中年轻和肥胖受试者轻度气流受限的检出率。还有研究指出，检测 FEV6（在吸气至肺总量后用力呼气 6 秒所呼出的气体容积）比 FVC 更容易、更快、更安全，可能更适用于筛查慢阻肺。

肺功能评价指标的选择和变化，与医学技术的不断发展密切相关；为进一步验证评价指标的科学性和有效性，还需进行更深层次的研究。

教师通过讲授关于肺功能检查指标的演变过程，引导学生将科学研究面向现实需求，以问题为导向，切实解决健康中国建设中的痛点、堵点和难点问题。

8. 讲清一氧化碳中毒原理，提高学生的安全防范意识

一氧化碳（CO）是一种重要的内源性气体信号传导分子，由血红素氧化酶催化血红素降解产生。CO 可参与机体的多种生理活动和病理进程，并与机体的稳态维持密切相关。在气体运输过程中，CO 与血红蛋白（Hb）形成碳氧血红蛋白（HbCO），氧气（O_2）与 Hb 形成氧合血红蛋白（HbO_2），但 CO 与 Hb 的亲和力显著高于 O_2。当 CO 浓度较高时，与 O_2 竞争性结合 Hb，组织内 O_2 的输入、二氧化碳（CO_2）的输出过程受到阻碍，最终可导致组织缺 O_2 和 CO_2 潴留，进而产生中毒症状。

教师在讲授气体运输时，可延伸至 CO 运输，引导学生将课堂上所学的生理学知识与实际案例相结合进行分析，提高学生的安全防范意识。

四、课后思考

1. 面对疫情，作为一名当代大学生，你觉得自己肩负的责任和义务有哪些？
2. 如何看待现在社会热议的“扶不扶”问题，面对老人摔倒，你会怎么做？
3. 作为当代大学生，在环境保护方面你觉得应该怎么做？

（执笔：赵　磊　单美玲）

第六章　物质与能量代谢

本章主要介绍消化道的一般生理特性，人体主要营养物质的消化与吸收特点、代谢方式、人体的各种状态——基础状态、安静状态及运动状态下的能量代谢、机体运动过程中的能量供应以及体温的产生和调节等内容。

一、教学目标

1. 知识与技能目标

（1）熟悉人体主要营养物质的生理功能及其在体内的代谢过程。

（2）掌握能量代谢的相关概念和影响因素。

（3）掌握运动过程中机体三大能源系统的供能特点。

（4）了解机体的产热与散热过程、机体体温调节机制。

2. 过程与方法目标

结合三羧酸循环的发现过程，培养学生发现问题、思考问题、解决问题的能力；结合消化相关内容，培养学生的奉献精神和追求真理、热爱科研和专心科研的科学家精神；通过能量代谢相关内容学习，培养学生理论联系实际地分析问题并能积极寻求科学解决方式的能力；通过体温调节结合能量消耗相关内容，培养学生的自我保护意识和责任担当精神。

3. 情感、态度和价值观目标

培养学生的爱国情怀和敢为人先、追求真理、热爱科研及专心科研的科学家精神；培养学生的奉献精神和科学精神；提高学生的文化自信，帮助学生树立远大理想，树立正确的人生观、价值观和消费观；培养学生的求真务实精神；培养学生坚持不懈、敢于思考、勇于创新的品质；培养学生的法治观念、尊重规则与公平竞争的奥林匹克精神；培养学生坚韧、拼搏和永不放弃的精神；培养学生的责任担当、不畏艰苦、不怕牺牲、甘于奉献的精神。

二、课程思政元素分析

课程思政元素分析见表 6–1。

表 6–1 物质与能量代谢——课程思政元素分析

课程知识点	课程知识点与思政元素融合案例	思政目标
胃肠道消化	林可胜、王志均的科学发现故事	培养学生的爱国情怀和追求真理、严谨治学的科学家精神
	诺贝尔生理学或医学奖获得者巴里·马歇尔的故事	培养学生的奉献精神和科学精神
	“肝胆外科之父”——吴孟超院士的故事	提高学生的文化自信，帮助学生树立远大理想
营养物质的消化与吸收	“网红吃播”误导消费者的故事	帮助学生树立正确的人生观、价值观和消费观
脂肪代谢与减肥	肥胖与减肥的现状	培养学生的求真务实精神
三大能源物质代谢间的关系	三羧酸循环发现的故事	培养学生坚持不懈、敢于思考、勇于创新的品质
维生素 C	莱纳斯·卡尔·鲍林和维生素 C 的故事	培养学生的辩证思维能力和敢于质疑、勇于探索的精神
营养补剂	运动营养补剂与反兴奋剂的故事	培养学生的法治观念、尊重规则与公平竞争的奥林匹克精神
能量代谢	马拉松“撞墙”的故事	培养学生坚韧、拼搏和永不放弃的精神
体温调节	抗洪抢险救灾的故事	培养学生的责任担当、不畏艰苦、甘于奉献的精神

三、课程思政教学案例

1. 讲好林可胜与王志均的科学发现故事，培养学生的爱国情怀及追求真理、严谨治学的科学家精神

肠抑胃素是胃肠激素的一种，是由小肠上部黏膜分泌的，肠抑胃素与胃泌素作用相反，对胃液的分泌起抑制作用。肠抑胃素是中国人首先发现的胃肠内分泌激素。

林可胜教授是肠抑胃素的发现者，是我国近代生理学的奠基人，他一生致力于消化生理学和痛觉生理学的研究。为了研究阿司匹林的镇痛机制，林可胜教授设计了一系列精巧实验，并把缓激肽注入自己的动脉血管中，使机体产生剧烈疼痛，然后再用阿司匹林来镇痛，最终证实了阿斯匹林的外周镇痛机制。另外，著名的组织胺刺激胃分泌实验也是林可胜教授在自己身上做的。林可胜教授在科研上所取得的卓越成就与他为科学献身的精神和多年一贯的刻苦钻研是分不开的。

王志均院士是我国著名的生理学家和医学教育家。王志均院士对食物在小肠中引起促胰液素和促胰酶素释放情况的研究，被认为是食物引起胃肠激素释放的定量研究的开端；王志均院士阐明了迷走—胰岛素系统和交感—肾上腺髓质系统在进食活动对糖代谢调节中的拮抗作用，这在当时处于世界领先水平。此外，王志均院士还利用自己设计的狗胃肠四通瘘进行实验，阐明了迷走—胃泌素机制在胃液分泌神经反射期中的重要性，这一实验结果对持续了数十年的争论——胃液分泌的神经反射期是否有体液因素的参与做出了有力的回答。

教师以林可胜教授、王志均院士为例，通过讲好科学家与科学发现的故事，培养学生的爱国情怀和敢为人先、追求真理、严谨治学的科学家精神。

2. 讲好诺贝尔生理学或医学奖获得者巴里·马歇尔的故事，培养学生的奉献精神和科学精神

每年的 4 月 9 日是国际护胃日。据世界卫生组织统计，胃病在人群中发病率高达 80%，中国肠胃病患者有 1.2 亿人。在庞大的肠胃病患者群体中，中老年人占 70% 以上，其中慢性胃炎和消化性溃疡较为常见。然而，随着生活节奏的加快，不规律的饮食使不少年轻人也患上了肠胃病，肠胃病逐渐年轻化。

1982 年，巴里·马歇尔教授与病理学家罗宾·沃伦经过多次实验后，提出了诱发胃溃疡与胃癌的幽门螺旋杆菌假说。然而，这一假说在刚开始提出时便受到了众多科学家的质疑，他们不相信有细菌能够存活于酸性极强的胃中。为了证实这一假说，马歇尔教授“以身试菌”，亲自服用了幽门螺旋杆菌，不久后马歇尔教授罹患胃溃疡，在使用抗生素后治愈了胃溃疡，由此证实了这种幽门螺旋杆菌就是导致胃炎的罪魁祸首。2005 年，马歇尔教授和他的合作伙伴沃伦被授予诺贝尔生理学或医学奖，以表彰他们发现了幽门螺旋杆菌及其在胃炎和胃溃疡等疾病中的作用。

幽门螺旋杆菌的发现，打破了当时对胃炎和消化性溃疡发病机理的错误认识，使得溃疡病从原先难以治愈、反复发作的慢性病，变成了一种采用短疗程的抗生素就可治愈的疾病，不仅大幅度提高了患者治愈的机会，而且对人们探究微生物与其他慢性炎症疾病的关系也具有一定的启发作用。幽门螺旋杆菌的发现也因此被誉为消化病学研究领域里程碑式的革命。

教师通过讲授 2005 年诺贝尔生理学或医学奖获得者巴里·马歇尔教授与幽门螺旋杆菌的故事，培养学生的科研奉献精神。

3. 讲好“肝胆外科之父”——吴孟超院士的故事，激发学生的爱国情怀，提高学生的文化自信，帮助学生树立远大理想

吴孟超院士最先提出肝脏解剖“五叶四段”新见解，率先突破人体中肝叶手术禁区，并建立完整的肝脏海绵状血管瘤和小肝癌的早期诊治体系。为提高中国肝脏外科的科学研究水平，吴孟超院士带头组建了国际上规模最大的肝脏外科专业研究所，并研制了细胞融合和双特异性单抗修饰两种肿瘤疫苗，发明了携带抗癌基因的增殖性病毒载体，还提出了“二期手术”的概念，为肝癌晚期的治疗开辟了一条新途径。

从医 78 年，吴孟超院士先后完成 1.6 万多台手术，救治患者近 2 万名。2020 年 1 月，98 岁的吴孟超正式退休，在他退休之前即使是九十多岁高龄，他依旧坚持每天至少完成 3 台手术，且每台手术都具有一定难度。正是由于吴孟超院士和同行们的不断努力，才使许多肝癌外科治疗的理论和技术原创于中国，推动了肝脏外科的发展，使中国在该领域的研究和诊治水平居于国际领先地位。

教师通过讲述吴孟超院士的故事，激发学生的爱国情怀，提高学生的文化自信，帮助学生树立远大理想，培养学生勇攀高峰、敢为人先的创新精神精神。

4. 讲好“网红吃播”误导消费者的故事，帮助学生树立正确的人生观、价值观和消费观

胃的重要功能之一是暂时贮存食物。胃完全空虚时略呈管状，其容量约50毫升，高度充盈时呈球囊状，其容量可达2升。食物入胃后会受到胃液的化学性消化和胃壁肌肉运动的机械性消化的协同作用。食物在胃内的排空速度与食物的物理性状及化学组成有关，在三种主要营养物质中，糖类排空速度最快，蛋白质次之，脂肪最慢，混合食物完全排空通常需要4 ~ 6小时。

受韩国美食直播和日本“大胃王比赛”等影响，加上短视频的兴起，“吃播”逐渐在中国盛行。“吃播”刚开始兴起时，发挥了较好的美食文化推广和传播作用，同时也在一定程度上刺激了消费，但随着“吃播”行业竞争越来越激烈，“吃播”发生了质的变化。许多“吃播”开始利用人们的猎奇心理来博取眼球，如胡吃海喝、辣播、生吃章鱼和毛毛虫等。近年来，“网红吃播”造假、催吐、食物浪费及损害身体健康等问题也常见报道。催吐在将“食糜”吐出来时还会带出来部分胃酸，从而灼伤食道和喉咙，腐蚀牙齿，引起反流性食道炎，甚至造成食道水肿、食道溃疡等。2020年8月，央视新闻曾公开批评“大胃王吃播”，称部分“大胃王吃播”哗众取宠，误导消费者，造成严重浪费。

“吃播”应是分享美食的一种形式，而非赚取流量挣钱的工具，然而目前的“吃播”已经背离了最初的方向，这不仅无法积极引导观众，而且还阻碍了美食直播行业的健康发展。

> 教师可根据主要营养物质的消化与吸收内容，结合国家倡导的“光盘行动”，讲好“网红吃播”误导消费者的故事，帮助学生树立正确的价值观、人生观和消费观。

5. 讲清肥胖与减肥的现状，培养学生的辨别思考能力和求真务实精神

肥胖是指一定程度的明显超重与脂肪层过厚，是体内脂肪尤其是甘油三酯积聚过多而导致的一种状态。当机体能量摄入大于能量消耗时，过多的能量在体内转化为脂肪。

当今社会，肥胖问题日益严峻。根据世界卫生组织（WHO）公布的数据，全球5 ~ 19岁的儿童青少年肥胖人数已从1975年的1100万上升到2016年的1.24亿人，年增长率超过6%。《中国居民营养与慢性病状况报告（2020

年）》指出，我国6岁以下、6～17岁儿童青少年肥胖率分别达到了10.4%和19%。肥胖问题的出现引出了各种减肥方法，如低碳减肥法、低脂减肥法、生酮减肥法、阿特金斯减肥法等。

阿特金斯（Atkins）减肥法一共分为四个阶段。第一阶段：严格控制碳水化合物的摄入，利用脂肪供能；第二和第三阶段：适当增加碳水化合物的摄入，继续利用脂肪供能；第四阶段：最大限度地增加食物种类，以维持健康体型。

生酮减肥法是一种主张摄取高比例脂肪、低比例碳水化合物、蛋白质和其他营养比例适中的饮食方式，这种饮食方式在20世纪用于治疗儿童难治性癫痫病，如今也常被用作一种减肥方法。

以上减肥方法是否具有科学依据值得我们去思考和探究。研究已证实，采取单纯运动或单纯节食的方式，效果均不如采用运动与节食相结合的方式，合理膳食加运动或许才是减肥的最佳方式。

教师可结合脂肪代谢与运动减肥等相关知识，延伸至目前比较流行的限制饮食减肥方法，引导学生去思考这些减肥方法的科学性和可行性，培养学生求真务实的精神。

6. 讲好三羧酸循环发现的故事，培养学生坚持不懈、敢于思考、勇于创新的品质

三羧酸循环是糖、脂肪和蛋白质代谢的共同途径，也是它们在体内相互联系的枢纽。三羧酸循环的发现直接促进了微生物学、生物化学和细胞生物学的发展。

生物学家汉斯·克雷布斯是三羧酸循环的主要发现者、总结者和提炼者。克雷布斯利用鸽子的胸大肌进行实验研究，发现柠檬酸、顺乌头酸、异柠檬酸和α-酮戊二酸均能促进丙酮酸氧化，而琥珀酸的竞争性抑制剂——丙二酸则会抑制丙酮酸氧化，抑制丙二酸则会导致柠檬酸和α-酮戊二酸的堆积，这也就证实柠檬酸和α-酮戊二酸是琥珀酸的前体，而加入草酰乙酸和丙酮酸会导致柠檬酸浓度升高。因此，克雷布斯推测这可能是一个环状的代谢途径。通过总结前人的研究数据及自己进一步的实验验证，克雷布斯最终确定了该循环的具体反应过程，并将其命名为三羧酸循环（也称Krebs循环）。

事实上，在克雷布斯之前，就已经有许多学者对细胞中有机物的氧化分解过程进行了研究，如卡尔·科里、卢伊斯·弗德里科·莱洛伊尔、卡尔马修斯和科诺普。虽然缺乏系统认识，但他们对于三羧酸循环的发现具有重要的推动作用。克雷布斯在前人的研究基础上，凭借其敏锐的观察力和坚韧的科学意志品质发现了三羧酸循环。

教师可通过讲解汉斯·克雷布斯、卡尔·科里等科学家发现三羧酸循环的过程，激发学生的科研兴趣，培养学生坚持不懈、敢于思考、勇于创新的品质。

7. 讲好莱纳斯·卡尔·鲍林和维生素 C 的故事，培养学生的辩证思维能力和敢于质疑、勇于探索的精神

维生素是维持细胞正常生理功能所必需、但需要量极小的低分子有机化合物。维生素 C 是作用很强的抗氧化剂，可防止细胞膜的脂质过氧化，防止红细胞膜受损，维持运动中细胞的正常功能。

关于维生素 C 的使用剂量和功能，诺贝尔化学奖（1954 年）和诺贝尔和平奖（1962 年）获得者莱纳斯·卡尔·鲍林曾主张服用超大剂量维生素 C。鲍林认为，服用维生素 C 可有效治疗艾滋病、癌症、白内障、心血管疾病等，甚至还可以延长寿命；与此同时，鲍林还出版了多部有关维生素 C 作用的书籍，如《维生素 C 与普通感冒》《癌症和维生素 C》等。

尽管鲍林所著的《维生素 C 与普通感冒》一书广受读者赞誉，甚至被评为当年的美国最佳科普图书，但当时医学界仍有许多人不同意他的观点。鲍林曾先后 8 次向国家癌症研究所申请资金资助，希望利用动物实验去证实他的观点，但均被否决。当时科学家们也开展了一系列研究，他们发现维生素 C 的补充对癌症发病率和死亡率的降低并没有显著影响。然而，在鲍林去世后，有些科学家对维生素 C 的使用剂量和作用方面的观点发生了改变，专家们认为，维生素 C 的确有一定的防治感冒作用。《美国临床营养学杂志》（1997 年）表示，长期补充维生素 C，可使患白内障的风险降低 77% 以上。

关于维生素 C 的作用与剂量问题，鲍林的某些观点是否有失偏颇，还需通过进一步实验进行检验。即便有朝一日证实他的论点不够完善、合理，但他的勇气和探索精神依旧值得我们学习。

教师以莱纳斯·卡尔·鲍林为例，通过讲好科学家与科学验证的故事，培养学生的辩证思维能力和敢于质疑、勇于探索的精神。

8. 讲好运动营养补剂与反兴奋剂故事，培养学生的法治观念

运动营养补剂是一类能够针对性地满足运动人体生理功能和代谢需求的、具有高营养素密度和高生物活性的食品，其合理补充可有效促进运动人体的健康和运动能力的提高。而在体育运动中，服用以改变运动员的身体条件和精神状态、提高竞技能力为目的的某些物质或以不正当途径、非正常量摄入生理物质均为使用兴奋剂。兴奋剂为一切违禁药物和方法的统称。

国际奥委会医学专家组曾表示，使用营养补剂可使运动员获益，但是补充剂不能弥补不恰当的日常饮食。运动员在使用营养补剂前应征求专家的意见，以避免某些补充剂中存在未申报的污染物，进而导致运动员无法通过兴奋剂检测。例如，2013 年，牙买加运动员阿沙法·鲍威尔在参加全国田径锦标赛前，与多名队友一起被查出曾服用违禁药品，被取消比赛资格，鲍威尔及其队友将药检呈阳性的原因归咎于营养品厂商为其提供的营养补剂。2016 年牙买加短跑运动员内斯塔·卡特在 2008 年奥运会中被查出服用违禁药物甲基丙烯酰胺，其金牌被收回，内斯塔·卡特也声称是由于服用营养补剂而未通过药检。

为保护运动员的身心健康，维护公平竞赛的体育道德，保证体育运动的健康发展，运动员应守牢公平竞赛底线，合理服用营养补剂，严禁使用兴奋剂。

教师结合反兴奋剂事件，讲好牢守体育运动竞赛底线的故事，培养学生的法治观念，以及尊重规则与公平竞争的奥林匹克精神。

9. 讲好马拉松“撞墙”的故事，培养学生坚韧、拼搏和永不放弃的精神

马拉松运动员在比赛后半程，在某个时刻会出现运动能力断崖式下降，身体出现疲惫、乏力、虚弱和头痛等反应，这被称为马拉松“撞墙”反应。

马拉松比赛持续时间长，运动中机体的能量供应以氧化供能为主。运动开始时，骨骼肌优先利用糖原供能，随着运动时间的延长，当糖原大量消耗或接近耗竭时，脂肪分解的比例大大提升。脂肪分解代谢能否顺利进行及进行的程度与糖代谢情况密切相关。当饥饿、糖供给不足或糖代谢障碍时，尽管脂肪可以大量动员，并在肝脏中经 β－氧化后生成大量酮体，但由于糖代谢不能满足相应的需要，草酰乙酸生成不足，大量酮体则不能进入三羧酸循环氧化供能。加上脱水、电解质代谢紊乱、体温升高、中枢兴奋性下降等，运动员就容易出现“撞墙”反应。

针对马拉松“撞墙”反应的改善措施，首先是运动员在赛前需进行有针对性的有氧耐力训练，尽可能多地增加糖原储备；其次，运动员在比赛过程中应合理安排跑速，途中进行能量、水和电解质的补充；最后，赛后应及时采取恢复手段（包括膳食营养补充），赛后 / 训练后的一餐，越早开始越好。

教师在讲授能量代谢内容时，可引导学生分析马拉松“撞墙”现象发生的机制；并列举一些著名马拉松运动员的事例，培养学生坚韧、拼搏和不轻言放弃的精神。

10. 讲好抗洪抢险救灾的故事，培养学生责任担当、不畏艰苦、甘于奉献的精神

正常人体的体温保持相对恒定，有赖于中枢神经系统对产热和散热过程不断进行的精细调节。当出现洪涝灾害，救援人员在炎热环境下进行长时间的抗洪救灾，身体会发生一系列的变化。当温度过高时，外周和中枢温度感受器会同时把感受到的信息传递到下丘脑体温调节中枢，机体会通过减少产热和增加散热（如皮肤血管舒张、出汗）来调节体温。另外，长时间高强度的工作且进食少，救援人员体内的血糖浓度发生变化，此时机体的胰岛 A 细胞功能较为活跃，可分泌胰高血糖素作用于肝脏，以维持机体的血糖平衡；天气炎热、饮水不足和出汗增加可导致细胞外液渗透压升高，进而刺激下丘脑分泌抗利尿激素，经垂体释放后作用于肾小管、集合管，进而增强其对水的重吸收作用，使尿量减少。

在抗洪救援过程中，救援人员往往要从事较长时间，且强度相对较大的体力劳动。另外，由于天气炎热等原因，对救援人员的身体会造成较大的影响。因此，充足的能量供应对于救援人员来说是非常重要的。

教师可从体温调节及能量供应的角度出发，通过讲好抗洪抢险救灾故事，引导学生将课堂上所学到的体温调节和能量供应相关知识与现实生活的事例相结合来分析，巩固所学知识，并培养学生不畏艰苦、责任担当和甘于奉献的精神。

四、课后思考

1. 你如何看待“大胃王”“海量王”？结合国家所倡导的“光盘行动”，在宣传节约粮食方面，你觉得还可以采取什么样的方式？

2. 你如何认识各种流行的减肥方法及生活中常见的“知识科普”？

3. 你如何看待体育竞赛过程中的营养补剂和兴奋剂使用问题？

（执笔：刘晨喆　李　丽　单美玲）

第七章　内分泌功能

本章主要介绍激素的概念、激素的一般生理作用和作用特征、激素作用的机制和过程、各内分泌腺的内分泌功能、内分泌轴与运动、内分泌指标在运动实践中的应用等内容。

一、教学目标

1. 知识与技能目标

（1）掌握内分泌与内分泌系统的概念；激素的概念与分类；激素的一般生理作用和作用特征。

（2）熟悉受体及作用特征；激素作用的机制和调节过程。

（3）了解主要内分泌腺的内分泌功能：下丘脑和垂体的内分泌功能、甲状腺的内分泌功能、肾上腺的内分泌功能、胰岛的内分泌功能、性腺的内分泌功能。

（4）掌握运动与内分泌功能；内分泌轴与运动；内分泌指标在运动实践中的应用（睾酮、皮质醇、促红细胞生成素）。

2. 过程与方法目标

结合激素的生理与作用特征，提高学生在学习过程中发现和总结规律的能力；结合内分泌功能的相关知识，使学生经历自主、合作、探究知识的学习过程，增强学生的学习主动性；结合内分泌指标在运动实践中的应用，培养学生勤于实践、勇于创新的精神。

3. 情感、态度和价值观目标

培养学生的爱国情怀和追求真理的科学精神；引导学生多角度、全方位地理解事物，提高辩证思维的能力；培养学生勇于拼搏、尊重规则与公平竞争的奥林匹克精神；培养学生的责任感和使命感；培养学生顽强拼搏的体育精神；培养学生求真务实的精神，引导学生形成正确的世界观、人生观和价值观；引导学生实现自我、追求梦想，形成积极向上的人生态度。

二、课程思政元素分析

课程思政元素分析见表 7-1。

表 7-1　内分泌功能——课程思政元素分析

课程知识点	课程知识点与思政元素融合案例	思政目标
激素及其作用机制	“胰岛素合成”的故事	培养学生的爱国情怀和追求真理的科学精神
	科学合理地使用糖皮质激素类药物	培养学生多角度、全方位理解事物和提高辩证思维的能力
内分泌腺的内分泌功能	我国科学补碘的相关政策	培养学生多角度、全方位理解事物和提高辩证思维的能力
	中国“胰岛素之父”甘忠如的创业故事	引导学生实现自我、追求梦想，形成积极向上的人生态度
	我国糖尿病防治相关政策	引导学生从自身做起，成为有责任感和使命感的社会公民
	奥运冠军加里·霍尔的励志故事	培养学生勇于拼搏的奥林匹克精神
运动与内分泌功能	体育领域类固醇激素的作用	培养学生尊重规则与公平竞争的奥林匹克精神
	EPO 兴奋剂检测的探索之路	培养学生求真务实的精神
	杨天乐教授的反兴奋剂故事	培养学生的职业操守和奉献精神
	奥运冠军刘国梁的励志故事	培养学生顽强拼搏的中华体育精神

三、课程思政教学案例

1. 讲好中国科学家“胰岛素合成”的故事，培养学生的爱国情怀和追求真理的科学精神

20 世纪 50 年代，合成胰岛素对于人类来说似乎还是很遥远的事情。人工

合成胰岛素需要把氨基酸按照一定的顺序连接起来组成 A 链和 B 链，再把两条链组合在一起，这是一项复杂而艰巨的工作，当时国际上几乎观察不到重组胰岛素的活性。

1958 年，我国人工合成胰岛素课题正式启动，研究小组由中科院生物化学研究所、中科院有机化学研究所和北京大学联合组成。中国当时正处于经济最困难的时期，科研人员生活条件艰苦，科研条件有限，仪器设备和生化试剂短缺。科研人员发扬自力更生、艰苦奋斗的精神，自己动手制作了许多实验必需的仪器设备。针对各种氨基酸和有关试剂的供应难题，生化所还创办了东风生化试剂工厂，不仅为合成胰岛素提供了原材料，也为全国的生化研究提供了基础支持。

经过坚持不懈的努力，研究小组终于在 1965 年完成了结晶牛胰岛素的全合成，其在结构、生物活力、结晶形状和物理化学性质上都与天然牛胰岛素完全一样。这是世界上第一个合成的具有完整生物活性的蛋白质，是人类在揭示生命本质征途上实现的里程碑式飞跃，在生命科学发展史上具有永恒的意义。

教师通过讲好中国科学家的“胰岛素合成”故事，重温艰苦奋斗、团结协作、严谨求实、淡泊名利、乐于奉献的“胰岛素精神”，培养学生的爱国情怀和追求真理的科学精神。

2. 讲好“科学合理使用糖皮质激素”的故事，培养学生多角度、全方位理解事物和提高辩证思维的能力

多年以来，糖皮质激素类药物的使用，在临床实践中一直备受争议。早在“非典”期间，糖皮质激素类药物就因在实际操作过程中难以把握剂量和疗程，并产生了一系列副作用而受到诟病。国家卫健委指出，允许有条件地使用糖皮质激素类药物，但对使用标准和指征呈现不断收紧的趋势，糖皮质激素类药物的使用需要医生凭借临床经验视具体情况而定。

糖皮质激素是机体应激反应最重要的一种调节激素，正常状态下，体内会有一定量的糖皮质激素用于调节机体代谢。在疾病治疗过程中，糖皮质激素类药物主要用于抑制体内的过度炎症反应。在病毒感染引起的肺炎中，当体内病毒达到一定水平后，免疫系统会被激活，主动攻击病毒，依靠这种方式，轻症者自身就能够控制病情发展并逐渐恢复痊愈。反之，若炎症细胞因子过多，免疫调节机制就会失控，并在攻击病毒的同时损害自身组织器官，造成过度炎症反应。糖皮质激素通过抑制免疫，减少炎症细胞因子的产生，从而避免过度炎症反应，然而，免疫被抑制又会造成病毒数量增多，最终产生一系列副作用。

为加强糖皮质激素类药物的临床应用管理，促进临床合理用药，中华医学会制定了《糖皮质激素类药物临床应用指导原则》，其中提到，要谨慎、正确、合理地使用糖皮质激素类药物，以提高疗效，减少不良反应。这主要取决于两方面：一是治疗适应症掌握是否准确；二是品种及给药方案选用是否合理。

教师通过讲好"科学合理使用糖皮质激素"的故事，引导学生思考如何科学合理地使用糖皮质激素类药物，培养学生多角度、全方位地理解事物，提高辩证思维的能力。

3. 结合我国科学补碘的相关政策，引导学生多角度、全方位地理解事物和提高辩证思维的能力

碘的摄入不足会引起甲状腺肿大，我国是碘缺乏危害十分严重的国家之一，因此，政府从 1996 年开始，在全国范围内实施了全民食盐加碘的措施。

2019 年，中国医科大学滕卫平教授和单忠艳教授团队经过两年的调查，分析了我国实行全民食盐加碘政策后的碘营养状况和甲状腺疾病现状。目前，我国学龄儿童的尿碘中位数为 199.75g/L，甲状腺肿大患病率为 3.5%；成人的尿碘中位数为 177.89g/L，甲状腺肿大的患病率为 1.17%；家庭碘盐浓度为 22.28mg/kg，碘盐覆盖率为 95.37%，以上数据说明我国居民目前的碘营养处于适宜状态。此外，儿童甲状腺肿大患病率为 3.5%，达到历史最低水平。

然而，我国自然环境和饮食习惯的地区差异较大，同时存在高水碘和低水碘地区，人群食用海产品等富碘食品的习惯也各不相同。碘的摄入过多又可能导致甲状腺功能亢进或患甲状腺炎。因此，要树立正确的补碘观念，在明确自身碘营养状况的前提下，科学补碘。个人在选择是否补碘和补碘量时，应综合考虑各方面因素和自身的碘营养状况。

2019 年，国家卫生健康委员会发布了《全国生活饮用水水碘含量调查报告》，并绘制了我国的"水碘地图"。相关专家表示，水碘在 10μg/L 以下的地区，居民应食用加碘食盐，防止碘缺乏造成的危害；水碘在 10 ~ 100μg/L 的地区，应建立碘缺乏地区和适碘地区划分标准，为科学精准补碘提供依据；

水碘在 100μg/L 以上的地区，居民应食用未加碘食盐；水碘在 100μg/L 以上且甲状腺肿大患病率大于 5% 的地区居民应改饮低碘水，预防高碘的危害。

尤其要提出的是，育龄妇女、孕妇、哺乳期妇女、胎儿、婴幼儿、学龄儿童和青少年都是碘缺乏危害的主要人群，由于特殊的生理阶段，在同样的生活环境下，他们更易遭受缺碘的威胁，在日常生活中尤需注意碘的足量补充。

教师通过讲好我国坚持科学补碘的相关政策，结合运动生理学知识，引导学生多角度、全方位地理解事物，提高理性辩证思维的能力。

4. 讲好“中国胰岛素之父”甘忠如的创业故事，引导学生实现自我、追求梦想，形成积极向上的人生态度

甘忠如被誉为“中国胰岛素之父”，是一位传奇人物。甘忠如，生于 1948 年，毕业于北京大学生物学系，1987 年在美国密歇根州立大学获得博士学位，1995 年回国创业。当时，全世界仅有两家公司有能力生产第二代胰岛素——礼来与诺和诺德。甘忠如认为，中国的生物医药有巨大的发展潜力，于是他毅然决然地踏上了回国之路。

回国三年后，甘忠如组建的团队研发出中国第一支基因重组人胰岛素，打破了国外企业数十年的垄断局面，让中国在全世界成为第三个能够重组、生产、销售人胰岛素的国家。因此，甘忠如被誉为“中国胰岛素之父”。然而，没有人知道，甘忠如博士和他的团队实验了多少次才取得了成功。甘忠如及其团队在 2003 年获得“国家科学技术进步奖”，团队研发的中国第一支基因重组人胰岛素的新闻被评为“中国十大科技进步新闻”之一。

甘忠如在被采访时表示，能够为全世界糖尿病患者作出贡献，才是企业追求的目标，对于“中国胰岛素之父”的称号，甘忠如谦虚地表示自己并不敢当。但是眼见为实，中国的第一支二代人胰岛素，第二代、第三代的长效、速效胰岛素，以及中国的第一支胰岛素注射笔，都是由甘忠如及其团队研发的。

教师通过讲好“中国胰岛素之父”甘忠如的创业故事，引导学生努力实现自我、追求梦想，形成健康向上的人生态度。

5. 讲好我国糖尿病防治相关政策，引导学生从自身做起，成为有责任感和使命感的社会公民

目前，我国已成为糖尿病患病率增长最快的国家之一，成人糖尿病的患病率达 11.6%，而糖尿病前期人群高达 50.1%。也就是说，如今我国每两位成人中就有一位是糖尿病的“后备军”，如果不及时干预，这些人在不久的将来极有可能生活在糖尿病的阴影之下。

2019 年 7 月国务院印发的《健康中国行动（2019—2030 年）》包含 15 个专项行动，糖尿病防治首次被列入专项行动。行动中提示居民关注血糖水平，引导糖尿病前期人群科学降低发病风险，延迟或预防糖尿病的发生发展，加强对糖尿病患者和高危人群的健康管理，促进基层糖尿病及并发症的筛查标准化和诊疗规范化。2020 年 11 月，《中国 2 型糖尿病防治指南（2020 版）》发布，更新版指南结合最新的国际糖尿病管理指南和临床证据，为我国 2 型糖尿病的临床诊疗提供指导。以上政策文件及指南的发布，足以说明糖尿病防治的紧迫性和重要性。调整生活方式是预防糖尿病、减缓其发展最为有效的方式，主要包括以下几点。

（1）调整饮食。注重非淀粉类蔬菜的摄入，减少食物中糖类的添加和精制谷物的摄入，尽可能选择全谷物而非精加工食品，限制甜食及含糖饮料的摄入，少吃油炸食品。

（2）少坐多动。拒绝静坐的生活方式，每天至少进行半小时中等强度的运动，可以参考中华医学会糖尿病学分会发布的《中国糖尿病运动治疗指南》，该指南在大量循证医学的基础上，开创性地结合运动医学的专业理论知识，对糖尿病运动治疗进行了规范化的直接指导。

（3）控制体重。肥胖与 2 型糖尿病的关系密切，是导致 2 型糖尿病的独立危险因素，应通过饮食和运动的平衡将体重维持在正常健康范围。

（4）规律作息。有研究发现，与每晚睡眠 6 ~ 8 小时的人群相比，睡眠少的人罹患糖尿病的风险更高。熬夜会使机体生物节律被打乱，激素的昼夜节律被破坏，释放的升糖激素会加重高血糖状态。

（5）必要时吃药。糖尿病前期可以通过生活方式干预，如果仍未改善且逐渐恶化，则需在医生的指导下进行药物干预。

教师通过讲好防治糖尿病的相关政策，引导学生从自身做起，践行并助力“健康中国”建设，成为有责任感和使命感的社会公民。

6. 讲好奥运冠军加里·霍尔的励志故事，培养学生勇于拼搏的奥林匹克精神

2000年9月22日，来自美国的加里·霍尔，一名1型糖尿病患者走上了悉尼奥运会男子50米自由泳冠军的领奖台。这对于全球糖尿病患者来说都是一个令人鼓舞的故事。

在1996年亚特兰大奥运会上，霍尔与队友携手摘取了4×100米自由泳接力和混合泳接力两枚金牌，并获得了50米和100米自由泳两枚银牌。然而，就是这样一名前途光明的运动员，在3年后却被告知患有1型糖尿病，必须通过每天注射胰岛素来维持健康，否则就会面临死亡的威胁，这意味着他将有可能永远结束自己的游泳生涯。年轻的霍尔最初无法接受这个残酷的现实，当绝望涌上心头之时，他差点儿以自杀了却一生。但是两个月后，他从黑暗中彻底走了出来，决定开始挑战糖尿病。安娜医生为霍尔制订了严密的血糖监测与治疗方案，并告诉他只要严格遵守，完全可以重回泳坛，再创辉煌。

然而，霍尔所面临的困难是：为了控制血糖水平，他每天要利用血糖仪进行至少10次的自我监测；除此之外，霍尔在进行训练的同时还要进行严格的饮食及药物治疗。安娜医生曾感慨道：“寻常人很容易被糖尿病压垮，但霍尔很坚强，他面对现实的那份自信和成熟是我从未见过的。”

在2000年悉尼奥运会上，霍尔说：“作为一名糖尿病患者，我可以找到无数的理由不来悉尼，但我希望通过自己所做的一切向世人、特别是向糖尿病患者证明：糖尿病并不意味着生活的终结，通过新的健康生活方式，完全能够达到生活的另一个高峰。”虽然，在男子100米自由泳决赛中，霍尔仅获得一枚铜牌，但他没有气馁。随后，他以22.07秒的个人最好成绩进入男子50米自由泳的决赛，并在决赛中与队友以21.76秒的成绩同获金牌。

如今，霍尔除了经常参加支持糖尿病患者的慈善活动，还义务为美国各地的糖尿病儿童讲课、教授游泳，鼓励他们战胜疾病、树立像正常儿童一样生活的信心。他以自己的亲身经历告诉每一位糖尿病患者：在被诊断为糖尿病之后，每个人都要遵从新的生活方式，比之前更科学合理地安排自己的生活。

教师通过讲好奥运冠军加里·霍尔的励志故事，培养学生勇于拼搏的奥林匹克精神。

7. 讲清体育领域类固醇激素的作用，培养学生尊重规则与公平竞争的奥林匹克精神

合成类固醇是国际反兴奋剂组织认定的兴奋剂之一，被禁止使用，著名短跑运动员本·约翰逊就是因为使用类固醇而被禁赛的。1988 年汉城奥运会，加拿大短跑名将本·约翰逊以 9 秒 79 的成绩打破世界纪录并夺得了男子 100 米金牌。然而，三天后，国际奥委会就宣布约翰逊的尿检结果呈阳性，由于其使用类固醇兴奋剂，其世界纪录被取消，金牌也被收回。

类固醇激素是由肾上腺皮质和性腺分泌的激素，也可人工合成。它的药理作用复杂且广泛，涉及多个生理系统，如压力反应、免疫反应、糖类代谢、蛋白质分解代谢、电解质浓度的控制等。

长期使用合成类固醇激素也会引起以下一些副作用：

（1）内分泌系统。影响体内激素的正常水平，引起各种不良的机体变化，包括使男性的精液减少、睾丸缩小、雄性激素衰竭等；使女性运动员趋于男性化、体内脂肪减少、皮肤粗糙、声调变低等。

（2）运动系统。因骨质流失而导致骨质疏松，肌肉力量下降甚至肌肉萎缩，关节囊和韧带松弛，关节发生退行性变化。

（3）心血管系统。引发一些心血管疾病，如心脏病、高血压和中风；通过提高低密度脂蛋白水平，降低高密度脂蛋白水平，使脂类物质滞留在动脉中，阻碍血液循环，破坏心肌的正常供血。

（4）皮肤。出现痤疮、多毛症、萎缩纹、紫癜、皮肤变薄和伤口难以愈合等症状。

因此，在体育界滥用合成类固醇，不仅违反了体育精神，破坏了比赛的公平性，对运动员的身心也会造成严重的不良影响，应严格禁止。

教师结合体育竞赛中的不良事件，讲好体育竞赛底线故事，培养学生尊重规则与公平竞争的奥林匹克精神。

8. 讲好 EPO 兴奋剂检测的探索之路，培养学生求真务实的精神

EPO 是促红细胞生成素（Erythropoietin）的英文简称，EPO 兴奋剂也称人工合成促红细胞生成素（rHuEPO）。人体内的 EPO 是一种糖蛋白激素，产生于肾脏及肝脏，分泌的激素进入血液循环，主要在肝脏代谢，只有极少量从尿液排出，它对红细胞的生成有特异性刺激作用。1985 年，人类首次在基因工程技术的帮助下，合成了 rHuEPO。最初，rHuEPO 并不是被用来充当兴奋剂的，而是被广泛应用于临床，治疗肾功能衰竭所致的贫血、艾滋病导致的贫血、癌性贫血、骨髓增生异常综合征等多种疾病。

之后，斯德哥尔摩体育学院的比约恩·埃克布洛姆教授发现，注射 rHuEPO 能使耐力运动员的比赛成绩提高。由于注射 rHuEPO 后会较快地从机体内消失，且与人体自然产生的 EPO 很相似，极具隐蔽性，给检测增添了难度，曾在体育赛场上走过一段滥用之路。

随后的十几年来，各国科学家一直在寻找能科学检测出 rHuEPO 的手段。1999 年，澳大利亚体育学院协同澳大利亚体育运动兴奋剂检测实验室联合启动了“EPO2000”研究计划，之后又有许多国家的专家共同参与了此课题。该研究找到了三种体内物质作为使用 EPO 激素后的标靶物，能够将机体注射外源性和内源性 EPO 后产生的不同细胞区别开来。随后，法国生物学家弗朗索瓦丝·拉纳和雅克·索里兹教授通过分析 rHuEPO 与天然 EPO 电荷上的微小差别，开发出了能够有效检测出 rHuEPO 的新型尿检方法，该方法只需采集少量尿液就可检出运动员在 3 天内是否注射过 rHuEPO。

在 2000 年悉尼奥运会上，国际奥委会正式发布了通过血检和尿检相结合的方式检测 rHuEPO 的决定，最终使得 rHuEPO 的滥用现象在一定程度上得以控制。竞技体育的三要素“公平、公正、公开”是我们一直秉持的原则，真正的竞技体育应该是通过坚持合理的训练来突破身体的极限，而不是通过外用违禁药物等手段，自欺欺人。

> 教师通过讲好 EPO 兴奋剂检测的探索之路，拓展学生的运动生理学知识，培养学生求真务实的精神。

9. 讲好杨天乐教授的反兴奋剂故事，培养学生的职业操守和奉献精神

杨天乐教授是我国最早从事反兴奋剂研究的专家，也是中国反兴奋剂工作

的主要奠基者，为中国体育科技事业的发展作出了突出贡献，被誉为“中国反兴奋剂之父”。1932 年，杨天乐出生在上海一个普通的知识分子家庭；1951 年，考上了大连医学院；1957 年，成为匈牙利佩奇大学生理研究所一名研究生；1961 年，获得副博士学位（相当于欧美的博士学位），成为第一个在匈牙利取得该学位的中国人。

1961 年正值国家困难时期，杨天乐毕业后立即回国参加体育科研工作。1984 年，亚洲奥林匹克理事会表决通过在北京举办第十一届亚运会，而举办亚运会的重要条件之一是必须承担亚运会的兴奋剂检测任务。1985 年，国家体育运动委员会决定筹建中国兴奋剂检测中心，由杨天乐负责筹建和创办此中心。他毅然决然地接受了这项艰巨的任务——四年内实现中国兴奋剂检测中心从无到有，并通过国际奥委会兴奋剂检测资格考试。

杨天乐带领团队到各研究单位选拔并吸收人才，前往国外实地调研，渡过了最初的难关后，他带领团队建立资料库，吸纳国际前沿技术，搜集标准品及有关试剂，建设实验室。筹建实验室中最难的工作是搜集全标准阳性样品，然而当时公布的违禁成分已超过一百多种，买全标准阳性样品需要巨额的外汇支出。杨天乐和他的同事们决定自己试吃阳性样品，在巨大的风险面前，没有一位科研人员退缩，大家都以身试药，几乎尝遍了禁用药物，及时收取了各种阳性尿样，建立了完整的阳性样品数据库。团队成员心中有一个共同的目标：“依靠自身力量建成中国兴奋剂检测中心，实现重要的历史突破，开创中国兴奋剂检测新领域，为国争光。”

1989 年 11 月 9 日，实验室的科研人员彻夜未眠，一鼓作气，用了不到 24 小时就完成了 10 个考试尿样的检测工作。次日上午，主考官克劳斯尼泽尔博士宣布考试结果全部正确，杨天乐和他的同事们都流下了激动的泪水。克劳斯尼泽尔博士赞扬道：“我主考过五个国家的实验室考试，中国实验室是速度最快的一个。”至此，我国兴奋剂检测实验室通过了国际奥委会兴奋剂检测资格考试，成为发展中国家第一个被国际奥委会确认的兴奋剂检测实验室。

之后 10 余年，杨天乐教授先后主持并出色完成了多项重大赛事的兴奋剂检测工作，并先后代表国际奥委会及亚奥理事会监督过 7 届奥林匹克运动会、7 届亚洲运动会的医务及反兴奋剂工作，为我国反兴奋剂工作培养了大批骨干。作为中国反兴奋剂的先驱，他还获得了国际运动医学联合会的“终身成就奖”

和国家体育总局的“中华人民共和国体育工作荣誉奖章”。面对接踵而至的荣誉，杨天乐说：“功劳不能归我一人所有，这其中凝聚着其他科研人员的心血。在关系国家荣辱的事上，没有人会计较个人得失，他们都无私地奉献着自己的一切。”

教师通过讲好“中国反兴奋剂之父”杨天乐教授的反兴奋剂故事，培养学生的职业操守和奉献精神，为学生的成长提供榜样。

10. 讲好奥运冠军刘国梁的励志故事，培养学生顽强拼搏的中华体育精神

刘国梁，1991 年入选国家队，1992 年在成都公开赛连赢几位世界顶尖选手，一战成名，他的直拍横打技术也成了中国乒坛取胜的秘密武器。1996 年，在亚特兰大奥运会上，作为不被看好的三号单打，刘国梁在孔令辉爆冷出局后独守半区，一路闯进决赛勇夺冠军，并与孔令辉同获男双冠军。1999 年在荷兰举行的世乒赛决赛中，刘国梁靠着一股气势和信心打赢了硬仗；与此同时，与孔令辉的双打也告捷。然而，却不曾想这只是暴风雨前的宁静！

1999 年 10 月，正在参加奥地利公开赛的刘国梁突然接到国际乒联的通知，他被告知在参加荷兰举行的世乒赛单项赛时尿样检测中睾酮超标，这对于国家乒乓球队和刘国梁个人来说都是灾难性的打击。刘国梁得知这一消息后随即报告了蔡振华，蔡振华知道徒弟心里难受，唯有相信他，才能帮助他挺过这一关。他指示刘国梁提前回国，并亲自去机场接机。之后的 3 个月，刘国梁在蒙受冤屈的同时，积极给国际乒联写信请求复查，并要求提供实验室的尿检结果和分析图。2000 年 3 月，国际乒联转给中国乒协新的尿检结果，确认刘国梁尿样为阴性，即睾酮超标是内源性的，刘国梁之前所有的委屈终于得到化解。

刘国梁于 2002 年退役，进入上海交通大学学习，并担任了中国乒乓球男队助理教练。10 个月后，刘国梁成了中国乒乓球史上最年轻的男乒主教练。成为主教练后的他带领男子乒乓球队取得了优异的成绩：2005 年，率领我国男子乒乓球队包揽上海世乒赛 7 枚金牌；2008 年北京奥运会、2012 年伦敦奥运会，带领中国男子乒乓球队蝉联单人和团体冠军；2013 年出任国家乒乓球队总教练，率队取得：2016 年里约奥运会，中国队包揽男单、女单、男团、女团 4 枚金牌；2021 年东京奥运会，中国队再次包揽男单、女单、男团、女团四枚金牌。2018 年，刘国梁出任中国乒协主席。

教师通过讲好刘国梁教练勇于拼搏的励志故事，结合体育人文，培养学生顽强拼搏的中华体育精神，引导学生努力实现自我，追求梦想。

四、课后思考

1. 糖尿病患者可以通过哪些方式控制自身的血糖？他们应如何科学地进行运动？
2. 我国的食盐加碘政策短期内能不能改变？如何坚持科学补碘？
3. 通过哪些措施可以预防兴奋剂的使用，保证竞技体育的公平与公正？
4. 如何看待 EPO、睾酮等内源性激素与外源性兴奋剂的区别？

（执笔：赵　磊　孙华灵）

的是，他在 2008 年获得男子三级跳远 F11 级冠军的同时，还打破了世界纪录，将当时的世界纪录提高了 24 厘米，当天鸟巢赛场上和全世界观看比赛的人们都为他那惊人一跳而沸腾！李端的事例告诉我们，当遭受命运的重创时，不要怨天尤人、不要放弃，要以自强不息、乐观进取的态度面对生活，尽自己全部努力放手一搏，活出生命的精彩。

上帝在此处关上了门，就会在别处开一扇窗。

——海伦·凯勒

教师通过讲好盲人运动员李端的故事，培养学生自强不息、乐观进取的生活态度。

2. 讲好运动改善近视的实验研究，提高学生通过适量运动保护视力的意识

正常的眼不经任何调节就可以看清远处物体，近处物体只要离眼的距离不小于近点，经过调节也能够看清，这种眼称为正视眼。若眼的折光异常或眼球的形态异常，不能将未经调节的平行光线聚焦于视网膜上，则称为非正视眼。其中，眼球的前后径过长，折光力过强，即为近视。

目前，我国青少年近视率居世界第一，明显高于美国等西方国家，且呈现低龄化、重度化等特点。如何有效降低近视率并增强学生体质是目前亟须解决的问题。党中央、国务院高度重视这一问题，2018 年 8 月中共中央总书记、国家主席、中央军委主席习近平，就我国儿童青少年近视率居高不下的问题和如何保护青少年的视力健康作出重要指示，要求全社会行动起来，有关方面拿出有效的综合防治方案，并在各地区督促、落实实行，尽力呵护好孩子的眼睛，让他们拥有一个光明的未来。随后，国家卫生健康委员会医政医管局针对性地发布了《近视防治指南》，提出有效预防近视的具体干预措施。

已有大量实验研究证明运动可促进视力的改善。国内相关学者随机调查了 500 名体育学院学生，通过对比不同运动项目对视力的影响，发现不同项目对视力的影响不同，其中球类的有益作用较大，且多集中于小球类项目（如乒乓球、羽毛球等）。因为球类的运动速度快、方向变化多，需要参与者的眼睛密切注视球的运动轨迹以做出正确判断，故对眼睛屈光度的调节、睫状肌的收缩等都能起到很好的锻炼作用。因此，在教育部等八部门联合印发的《综合防控儿童青少年近视实施方案》中强调，要通过体育锻炼促进近视的防控，落实青少年学生每天1小时以上的校内体育活动和每天放学后1～2小时的户外活动。同时严格落实新修订的《普通高中体育与健康课程标准（2017年版）》，让普通高中学生在三年的体育与健康课程学习中上满216课时。

教师通过讲好近视的形成和矫正方法，引导学生科学用眼，增强适宜运动保护视力的意识。

3. 讲好运动中视觉反馈的适度使用，培养学生善于思考的学习生活态度

在运动员还未熟练掌握动作技能之前，视觉起着主导作用，但对于高水平运动员而言，不能过分依赖视觉反馈。因为当机体对视觉的依赖程度降低时，大脑皮层颞叶相关的神经元的动员程度会得到提高，反而可以更高效地完成同一任务。

在体育舞蹈中，对目光注视有明确要求，如“集中注视”“回避”“视而不见”等。技术动作的质量虽与视觉系统有关，但跳舞过程中并不需要运动员十分清晰地了解周围的环境，而更需要对舞伴的位置、动作等有明确感受，这种位置关系和动作速度等信息的获得不能单靠视觉反馈。体育舞蹈运动员普遍反映：闭上眼睛比睁眼更能找到舞伴、更能感受到舞伴与自己接触时的力量大小和时机，睁眼专注去看反而不利于自己的运动表现。由此可见，虽然视觉反馈对运动很重要，但不能过度依赖。在思考中汲取智慧，能够准确把握“适”，还要能够“止”，提高解决工作生活问题的能力。

教师通过讲好运动中视觉反馈的适度使用，培养学生在思考中汲取智慧、解决问题的能力。

4. 讲好视野对集体项目的重要性，培养学生团结协作的精神

视野是指单眼固定注视正前方一点时，该眼所能看到的空间范围，正常人的视野范围大小受面部结构、各类感光细胞在视网膜上的分布和目标物颜色等因素的影响。运动员的视野大小还与运动项目有关，如在足球、篮球、排球等项目中，运动员在赛场上除了要清楚自己队友的位置外，还要及时了解对手的情况，才能抓准时机进行高效的传接球，完成高质量的进攻和防守，因此这些项目的运动员需要具有较大的视野范围。

篮球运动员詹姆斯、东契奇和足球运动员德布劳内、莫德里奇等，均具有较大的视野范围，他们往往能做出令人意想不到的大范围转移球，找到处在绝佳位置的队友助攻得分。这样精彩绝伦的传球虽然依赖于传球队员宽阔的球场视野和过硬的传球功底，但也与接球队员灵活准确的跑位、队友之间的默契密切相关。有时运动员必须在对手严密防守下将球完美传出，因此传球成功率更加依赖于队友之间的协作配合。而这样的默契配合绝非一朝一夕可以练成，要经过长期的战术训练。一个人的能力再强也是有限的，足球、篮球、排球集体项目终究需要全队的努力。2004 年希腊足球队夺取欧洲杯冠军，靠的就是全队上下团结一心，互相信任，互相鼓励，以强大的集体战斗力，一往无前。

教师通过讲好视野对集体项目的重要性，帮助学生培养团队协作精神。

5. 讲好听力障碍人群参与体育运动的故事，培养学生的同理心，给予特殊人群平等与尊重

声波刺激听觉器官使内耳毛细胞兴奋并产生电位变化，听觉神经将神经冲动传导至中枢，经听觉中枢分析后形成听觉。听觉帮助人类实现互通信息、交流思想、传播知识等行为，还在认识和适应环境变化的过程中起到重要作用。在运动训练和比赛中，运动员可借助听觉和其他感觉的协同作用，控制动作的节律和速度，对其掌握运动技能和促进运动能力的有效发挥起着重要作用。

听力障碍人群虽然存在听觉困难，但依然可以参加体育运动。国际聋人奥林匹克运动会（Deaflympics）自 1924 年由国际聋人体育联合会发起，至今已经举办过 23 届夏季聋奥会、19 届冬季聋奥会，其核心价值是“以体育争取平权”，建立全球听障者对运动的认同，从而提升听障者的社会地位，并教育大众接纳及尊重听障者。聋奥会的比赛项目和健全人的比赛项目无异，如篮球、排球、足球、乒乓球、田径、自行车、体操、游泳等，有区别的是选手在起跑时不用发令枪而是用旗子来指挥。随着科学技术的快速发展，助听器、人工耳蜗等设备的发明，已极大改善听力障碍人群的生活质量。健听者奥运会比赛也有不少知名的听障运动员出现在比赛场上，他们通过佩戴助听器、人工耳蜗和其他选手同场竞技，受到的对待与健听者没有什么区别。

听力障碍人群参与体育竞赛正是践行了国际奥林匹克日的宗旨：鼓励世界上所有人，不分性别、年龄或体育技能的高低，都能参与到体育活动中来。“更高、更快、更强、更团结”属于我们每一个人。

> 教师通过讲好听觉的形成过程，帮助学生了解听力障碍人群，培养学生的同理心和爱心。

6. 讲好航天员前庭功能训练的故事，培养学生顽强拼搏、吃苦耐劳的优秀品质

空间运动病是航天员在太空飞行中要面对的复杂问题。航天员长期处于狭窄的飞船中，必须在超重、失重的特殊环境中完成各种任务，常会产生头晕、肠胃不适、恶心、呕吐、失定向等严重后果，因此航天员需要具备超强的前庭适应能力。

为此，航天员需要经过特殊的前庭功能训练，如在旋转秋千、转椅、滚轮等专用设备上，按照程序、流程被动承受线性加速度等刺激，通过不断刺激前庭器官，逐步提高航天员前庭器官的稳定性。据了解，航天员必须每天进行不低于8小时的常人难以忍受的训练，用于提高前庭功能和超重环境下的耐受力。由此可见，在实现“飞天”梦想的路上，除了科学技术的外在保障外，航天员们的刻苦训练、挑战生理极限更是实现梦想的内在根本。

> 志不强者智不达。
>
> ——墨子
>
> 教师通过讲好航天员前庭功能训练之艰苦，培养学生顽强拼搏、吃苦耐劳的优秀品质。

7. 讲好本体感觉的形成过程，培养学生坚持不懈、勤学苦练的意志品质

本体感觉是对躯体的空间位置、姿势、运动状态和运动方向的感知。一般情况下，视觉、平衡感觉和本体感觉相互联系，经大脑皮质的综合分析，协同调控肌肉活动，但本体感觉往往被其他感觉所屏蔽。本体感觉能力必须经过相当长时间的训练，才能比较明显和准确地在动作过程中体验到。在射击、跳水、乒乓球、篮球等运动项目中，本体感觉也就是我们俗话说的手感、水感、球感，其在技能形成和运动表现过程中起非常重要的作用。

我国著名射击运动员许海峰、王义夫、谭宗亮等均为近视眼，尤其是王义夫，他的裸眼视力仅为0.1，这位参加过6届奥运会同时担任国家射击队总教练的老运动员，能在44岁的“大龄”阶段再获金牌，与他长期艰苦训练密不可分。他早已练就闭眼中“靶心”的功夫，从生理学角度而言就是本体感觉的习得，俗称手感的形成，因此射击项目中本体感觉的重要性远远超过视力。

除了射击外，跳水项目也非常强调本体感觉。跳水是从高处以各种姿势在空中完成一定动作，并以特定动作入水的项目。高处落水过程中水势必会对机体造成一定的冲击，“跳水女皇”郭晶晶参加过4届奥运会，曾荣获4枚金牌和2枚银牌。优异成绩的取得，与她长期的艰苦训练和坚持不懈的努力是分不开的。为提高成绩，优化动作，她长期睁眼跳水，因此眼睛严重受伤，甚至一度视网膜脱落。即使做过复位手术，她的裸眼视力也仅为0.2，但她依靠多年训练形成的本体感觉完成了一场场比赛，成为当时国内跳水界当之无愧的领军人物。她的精神值得我们学习，从中也能看出本体感觉对于人体运动的重要性。

在运动实践中，只有坚持不懈、勤学苦练才能提高本体感受器机能，使肌肉活动在时间和空间上更加协调，进而提高动作技能水平，促进动作自动化的形成。

可以说成功要靠三件事才能赢得：努力、努力、再努力。

——托马斯·哈代

教师通过讲好著名射击运动员王义夫和跳水运动员郭晶晶的故事，培养学生持之以恒、勤学苦练的意志品质。

8. 讲好运动员忍痛比赛的故事，培养学生的爱国奉献精神

皮肤痛觉是由痛觉感受器接收各种可能或已经造成皮肤损伤的刺激而引起的感觉。在竞技赛场上，我们可以看到运动员在意外受伤后，只要伤势不太严重，往往会在应急处理后选择重返赛场，那么就有一个问题：难道运动员比普通人更能忍受疼痛吗？目前的研究结果表明，经过长期训练后，运动员通过自身的心理暗示和神经系统的调节等方式压抑痛觉，忍痛能力的确有所提高。研究人员采用冰水、红外激光等刺激物刺激不同项目运动员，发现虽然他们也会感觉疼痛，但其忍痛能力较强，尤其在比赛期间，受竞技环境、赛场氛围和求胜心理等因素影响，其对疼痛阈值的感知会下降。也就是说，运动员为了集体和国家荣誉，在疼痛可忍受、伤病可控的前提下，奉献自己、为国争光，这种精神值得我们尊敬和学习。

教师在介绍痛觉形成的过程中，通过运动员忍痛坚持训练、比赛这一案例，培养学生爱国奉献的精神。

四、课后思考

1. 我们应如何认识手感、球感？
2. 我们应如何看待我国青少年近视率居高不下问题？
3. 我们应如何看待运动员伤病问题？

（执笔：赵　丽　李　岩　耿　雪）

第九章　神经系统机能

本章主要介绍神经系统概述、反射活动的一般规律、神经系统的感觉分析功能、脑的高级功能、躯体运动的神经调控和脑电图在运动实践中的应用等内容。

一、教学目标

1. 知识与技能目标

（1）掌握神经元与神经纤维的概念，突触、神经递质和受体，反射活动的一般规律：反射及反射弧。

（2）了解神经系统的感觉分析功能和脑的高级功能。

（3）掌握脊髓、低位脑干对躯体运动的调节。

（4）了解小脑、大脑对躯体运动的调节及脑电图在运动实践中的作用。

2. 过程与方法目标

结合学习神经系统作用机制的发现和完善过程，使学生学会发现问题、思考问题、解决问题的方法；结合本章相关实验课，培养学生创新精神和实践能力；结合对社会、体育热点事件的解读，使学生进一步理解人类不仅能在神经系统调节各种生理机能的基础上被动地适应内、外环境的变化，还能主动地认识和改造周围环境。

3. 情感、态度和价值观目标

通过讲授神经生理学前辈科技报国的故事，培养学生的家国情怀与爱国主义精神；通过讲授著名科学家探索求真的故事，培养学生追求真理和敢为人先的科学家精神，增强学生的批判精神和辩证思维能力；通过讲授渐冻症患者张定宇坚守在抗疫最前线的故事，培养学生的奉献精神和职业道德；通过讲授睡眠节律和熬夜的危害，培养学生关注健康的意识，引导学生保持良好生活作息规律。

二、课程思政元素分析

课程思政元素分析见表 9–1。

表 9–1　神经系统机能——课程思政元素分析

课程知识点	课程知识点与思政元素融合案例	思政目标
突触	张香桐发现树突电位的故事	培养学生攻坚克难的科学家精神
神经递质	张锡钧在艰苦环境下潜心研究的故事	培养学生锲而不舍的钻研精神
条件反射	巴甫洛夫探索发现条件反射实验的故事	培养学生追求真理、永不止步的科学精神
睡眠	养成良好作息习惯的重要性	培养学生关注健康的意识
躯体运动的神经调控	对航天生理学作出重大贡献的蔡翘先生的故事	培养学生为国家强大而奋斗的精神
	冯德培研究神经肌肉接头方面的故事	培养学生不畏艰难、刻苦钻研的精神
	霍金一生与“绝症”共存，不断探究科学的故事	培养学生不轻言放弃的执着精神
	张定宇身患“绝症”依旧奋战抗疫前线的故事	培养学生不忘初心、忠诚履职、勇于担当的精神

三、课程思政教学案例

1. 讲好张香桐发现树突电位的故事，培养学生攻坚克难的科学家精神

神经元是神经系统的基本结构和功能单位，结构包括胞体和突起，突起分为轴突和树突。一个神经元通常只有一条轴突，不同神经元的树突数量差异很大。在大脑皮层，约 98% 的突触由树突参与形成，约 2% 由胞体参与形成。

张香桐先生是新中国神经科学的奠基人之一，是国际上公认的树突生理功能研究的开创者之一，也是中国针刺麻醉机制研究的主要学术带头人之一。先生开拓了神经生理学方面研究的多个领域且提出多个生理学论点：①提出肌肉运动的控制来自大脑皮层运动区；②提出视觉通路三色传导学说，发现光强化现象；③首次发现树突电位；④论证了针刺镇痛是两种感觉传入在中枢神经系

统相互作用的结果。

张香桐自幼家庭困苦，但他学习刻苦，考入北京大学。抗战全面爆发时，正在中央研究院心理学研究所神经解剖学实验室工作的张香桐和其他研究人员自告奋勇，为护送研究所的各类图书仪器辗转多地。在颠沛流离中他仍惦记着科研工作，即使在破庙大殿里，仅有的一张方桌、一台小显微镜和脑切片机，都可以开启他因战乱而中断的研究工作。半年时间里，他绘制了许多脑干内细胞核团的组织学观察写真图，并编写了专著。在那段时间里，他还对神经解剖学进行了全面深入的学习，对脑组织的神经结构功能又有了深刻的认识。

张香桐对大脑皮层研究作出突出贡献，成为国际神经生理学一流科学家。神经细胞的突起有轴突和树突两种，轴突主要传导神经冲动，当时神经科学界对树突研究得比较少。张香桐先生利用掌握的先进技术，记录大脑皮层树突单位电位及功能，成为神经生理学界的领军人物。虽然在海外可以名利双收，但张香桐却心系祖国。在那个充满风险的年代，张香桐从美国辗转运回了六大箱仪器，而自己的大多积蓄、衣物和藏书却都没带回来，他牢牢记住了俄国生理、心理学家巴甫洛夫说过的一句话："无论我在做什么，我一直在想，只要精力许可，我就要首先为我的祖国服务。"科学没有国界，但科学家是有国籍的。

回国后，在全国各方面的支持下，张香桐先生在中国科学院上海生理生化研究所建立了中枢神经系统生理实验室，这是新中国第一个脑研究实验室。在张香桐先生的带领下，又建立了神经组织培养实验室，在那个年代该实验室就已经能够成功培养人类大脑皮层单个神经元。

张香桐先生的一生能取得这样的学术成就得益于他孜孜以求、专注做事的风格。时光会老去，但先生对科学事业的执着与热情却依然不减当年，青春对于张香桐是永存的，因为他有"深沉的意志、恢宏的想象、炽热的情感"。生命短暂，祖国和人民的殷殷期盼无限，或许这就是令张香桐先生充溢勇锐之气、争分夺秒、勇攀学术高峰的力量源泉。

> 教师通过讲好张香桐先生认真执着、孜孜以求、探索未知的科学家故事，培养学生攻坚克难的科学家精神。

2. 讲好张锡钧先生在艰苦环境下潜心研究的故事，培养学生锲而不舍的钻研精神

乙酰胆碱是一种重要的神经递质。以乙酰胆碱为递质的神经元称为胆碱能神经元，其神经纤维称为胆碱能纤维。在中枢神经系统，胆碱能神经元分布广泛，功能复杂。在周围神经系统，躯体运动神经纤维、自主神经节前纤维、大多数副交感节后纤维和少数交感节后纤维均以乙酰胆碱为递质。

张锡钧先生是生理学界的前辈。青年时代即一腔爱国热血，曾积极参加五四运动。在国外求学期间，张锡钧先生对胃基础分泌研究和甲状腺生理研究等领域作出了重要贡献，揭示了机械刺激对胃基础分泌的影响，提出胃窦部是产生胃分泌激素和调节胃分泌的关键部位。后来，他独立开展甲状腺功能、胃生理机能、组织胺对胃液分泌的反射作用、光对垂体影响等研究，在内分泌、消化、生殖、神经和循环生理等诸多方面均作出贡献。由他提出的迷走神经－垂体后叶反射学说，是完全由中国人独立发现的一种生理学反射机制，开辟了神经对垂体内分泌调节作用研究的新途径，具有重要的开创性意义。

中华人民共和国成立后，张锡钧在原有的研究工作基础上，吸收俄国巴甫洛夫高级神经活动学说和贝柯夫大脑皮质内脏相关学说的观点，以生理功能的神经体液调节作为研究方向。他和国外同事潜心钻研，建立了蛙腹直肌定量测定乙酰胆碱的生物学方法。这一方法准确灵敏，成为生物学中测定乙酰胆碱的经典技术。这一技术一直沿用至今。

张锡钧等用这一方法证明 Dale 在牛马脾脏中提纯的物质是乙酰胆碱，并进一步测定了不同动物多种器官组织及人胎盘组织中乙酰胆碱的含量。研究发现，马交感神经中乙酰胆碱的含量远远超过除人胎盘以外的其他动物组织，这为后来证明交感神经节前纤维神经递质就是乙酰胆碱奠定了基础，具有重要的生理学意义。另外，张锡钧的研究证明了大脑中枢神经元活动时，有化学物质（乙酰胆碱）释放并在神经信息传递中发挥作用。随后近半个世纪的研究不但进一步肯定了乙酰胆碱是整个神经系统中最重要的神经递质之一，并且证明了神经系统中乙酰胆碱正常的生成代谢对维持正常的神经活动具有重要意义，而它的异常又与某些神经精神疾病的发生和发展及神经细胞的衰老有着密切的关系。

张锡钧在这一领域中的开拓性工作促进了神经生理、神经药理和神经化学的发展。张锡钧的另一重要成就是首先发现了迷走神经参与了垂体后叶激素的调节。张锡钧先生一生所进行的开创性研究揭示了中枢神经系统中的化学物质是机体生理功能调节系统中的重要组成部分，这为生理学的发展作出了重要的学术贡献。张锡钧先生一生潜心实验研究，他高尚的品格、为人师表的风范、挚爱科学与教育的情怀、为人类健康无私奉献的精神，值得所有人敬佩。

教师通过讲好张锡钧先生在艰苦环境下依旧潜心坚持科学研究的故事，培养学生锲而不舍的钻研精神。

3. 讲好巴甫洛夫探索发现条件反射的故事，培养学生追求真理、永不止步的科学精神

人类的学习方式多数为联合型学习，如条件反射的建立和消退。经典的条件反射是在20世纪初由俄国生理学家巴甫洛夫首先发现的，也称巴甫洛夫反射。条件反射是在非条件反射的基础上，在大脑皮层参与下建立起来的高级反射活动。

伊万·彼德罗维奇·巴甫洛夫，俄国生理学家，高级神经活动学说的创始人，同样也是高级神经活动生理学的奠基人。巴甫洛夫终身执着研究，并发现了一种现象，当一个刺激和另一个带有奖赏或惩罚的非条件刺激多次联结相互作用时，可使个体对单独呈现相同刺激时做出相同反应，引发类似非条件反应的条件反应动作，这种现象被称为条件反射（又称巴甫洛夫条件反射）。

经典条件反射的例子是狗的唾液条件反射。经典条件反射实验的诞生，最开始是巴甫洛夫在研究消化现象时，观察了狗的唾液分泌，即对食物的一种反应特征。实验中给狗喂食同时摇铃，并测量其唾液分泌。在这个过程中，他发现如果随同食物反复给一个中性刺激，即一个并不自动引起唾液分泌的刺激，如铃响，这只狗就会逐渐“学会”在只有铃响，但没有食物的情况下分泌唾液。一个原本中性的刺激与一个本身就能引起某种反应的刺激相结合，使动物学会对中性刺激做出反应，这就是经典性条件反射的基本内容。

就像人类一样，在生活环境里会接触到无数的信号刺激，如物体的形状、颜色、气味、声音等，甚至抽象的刺激如言语等，这些刺激都可以引起我们的联想，并产生某种相应的反应。平时人们常说的望梅止渴、谈虎色变及日常生活中的一些情绪性反应，如恐惧、焦虑等都有可能是通过经典条件反射而产生的。例如，一个人开车超速被警车拦截，警车同时发出蓝光和响起警笛声。那么当他下次没有超速，仅遇到警车发出蓝光和响起警笛声时，他就可能会感受到紧张和尴尬，而没有类似经历的人则不会产生这种情绪。

巴甫洛夫的经典条件反射原理在各种行为疗法和实验及临床环境中均发挥着重要作用，为神经生理学的发展作出了巨大贡献，值得我们永远铭记。巴甫洛夫善于观察并基于观察不断思考、积极探索的精神，以及追求真理、永不止步的品质都值得我们学习。

教师通过讲好巴甫洛夫的故事不仅引起学生的兴趣，更能让学生了解到作为一名科学家应具备的追求真理、永不止步的精神。

4. 讲清养成良好作息习惯的重要性，培养学生关注健康的意识

睡眠能使人的精力和体力得到恢复，并能增强免疫力、促进生长和发育、提高学习和记忆能力、有助于情绪的稳定。因此，充足的睡眠对促进身心健康，保证正常生理活动至关重要。成年人每天需要睡眠 7 ~ 9 小时。根据睡眠过程中肌电图和脑电图的变化特点，可以将睡眠分为非快眼动睡眠和快眼动睡眠。非快眼动睡眠有助于身体机能的恢复和青春期生长发育，而快眼动睡眠能促进大脑学习与记忆以及精力。

现代年轻人的通病就是睡眠时间减少，在沉重的工作压力和丰富多彩的网络世界的诱惑之下，熬夜成为常态，忽略了睡眠是健康的基本保障。熬夜猝死的真实案例层出不穷：某球迷熬夜看世界杯猝死，年仅 28 岁；“90 后”研究生值夜班后晕倒再也没醒过来；不到 30 岁的有为青年深夜办公猝死……这些猝死人群突发状况的原因多种多样。一般来说，猝死大多源于突发性心脏病，而持续熬夜则是猝死的诱因之一。要避免熬夜，保证睡眠，因为熬夜会影响心血管健康，增加心源性猝死的风险。熬夜造成的过短睡眠会导致生物钟紊乱，交感神经高度紧张，引发血压升高、压力激素分泌增加、糖耐量降低等症状的产生，导致心跳加速，引发室速、室颤，最终造成心源性猝死。

健康是人生的最大本钱，一个人如果没有健康的身体，任何事业、生活都要“归零”，还会给家庭和社会带来沉重的负担。睡眠可以让身体得到充分的放松，也可以使身体机能进行激活促进生长。有研究证明，当身体处于慢波睡眠时，生长素分泌明显升高；当身体处于快波睡眠时，有利于神经系统发育，促进学习记忆能力的改善。睡眠是促进机体新陈代谢活动的重要生理过程，没有睡眠就不能进行良好的身体机能恢复，当睡眠不足、熬夜工作时，不但身体消耗得不到补充，大脑异常疲惫容易出错，而且还会由于激素合成不足，造成人体内环境失调，长时间令身体处于机能紊乱的状态，最终造成不可逆转的健康危害。

免疫学家对睡眠与人体免疫功能的关系进行研究后认为，睡眠状态下，人体不仅可以消除疲劳，而且还能提高免疫力。正常状态下，睡眠充足的人，血液内T淋巴细胞和B淋巴细胞均有明显上升，而这两种细胞是人体在遭受外界感染源入侵时发挥免疫作用的主力军。一个人只有养成定时睡觉的习惯，保证每天睡眠时间不少于7小时，才能维持睡眠中枢生物钟的正常运转。因此，年轻人要养成按时作息的健康生活方式，拒绝熬夜，以防扰乱人体的生物钟。

教师结合熬夜猝死等案例，通过讲授睡眠的神经生理机制提醒学生睡眠的重要性，只有养成健康的生活作息，才能拥有健康的身体。

5. 讲好对航天生理学作出重大贡献的蔡翘先生的故事，培养学生为祖国强大而奋斗的精神

在运动调控系统中，脑干在功能上起“上下沟通”的作用。脑干内存在抑制和加强肌紧张的区域，在肌紧张调节中起重要作用，而肌紧张是维持姿势的基础。脑干中的网状结构在躯体运动的调控中发挥重要作用；除此之外，网状结构还参与内脏反射、觉醒、睡眠、意识和内分泌活动等。脑干中的中脑腹侧被盖区由我国生理学家蔡翘先生首次在世界上发现，因此被称为“蔡氏区”（Ventral Tegmental Area of Tsai），被认为是中国人在现代解剖学上最重要的发现。

“神舟五号”的成功发射及航天员杨利伟的顺利返回，标志着我国载人航天技术实现了“零的突破”，航天员顺利安全进入太空、在太空中进行正常的生活都离不开航天生理学的发展。

蔡翘先生主要从事特殊环境生理学的研究，是我国军事劳动生理学、航空航天医学和航海医学的创始人。蔡翘先生不仅在神经生理学领域成就斐然，更是开创了我国航天航空领域生理学研究的先河。在蔡翘先生的带领下，1953年建成了中国独创的第一座混凝土人用低压舱，并在之后逐渐建立起高空减压舱、爆炸减压舱、动物及人体加速度离心机、地面弹射救生装置、模拟失重装置、航海医学研究用的潜水加压舱及高、低温舱等航空生理实验装备，为研究低压、高压、缺氧、超重、失重、飞行错觉、弹射、震动、高温、低温、深潜等航空和航海特殊条件下机体的生理反应、耐受限度、训练方法及防护措施创造了条件。

蔡翘先生经历丰富，学识渊博。他先后在北京大学、加利福尼亚大学、哥伦比亚大学和芝加哥大学求学，从中文系到心理系再到生理系，正是这样的求学经历才使得蔡翘先生思维开阔、不拘泥于学科的限制，最终为中国生理学作出了突出贡献。蔡翘先生作为中国生理学研究的开拓者和奠基人之一，除了个人取得了丰硕的研究成果外，还培养了大量的生理学方面的人才。蔡翘先生还编写了我国第一本大学生理学教材——《生理学》。

蔡翘先生不仅是一位成就突出的科学家，同样也是一位受人尊敬的教育家。他提携新秀，培养了几代生理学界科研人才，为发展我国生理学和医学教育事业作出了卓越贡献。先生回忆他的教学经验：一是主张教学与科研结合，身教与言教结合，身教重于言教；二是循循善诱，指明方向，使学生热爱专业。蔡翘先生不仅在科研精神和治学态度方面是学生的榜样，在思想品德、生活作风等方面也是学生的模范，处处“为人师表”。蔡翘先生一生勤勤恳恳，为我国生理学学科的发展和人才梯队的培养作出了卓越贡献。蔡翘先生作出的贡献和精神会永远留存，星空中那颗蔡翘星会永远闪耀，永远照耀着我国航天航空事业的发展。

教师通过讲好蔡翘先生在多个领域钻研科学、为中国航天生理学奠定坚实基础的故事，培养学生不断创新、不断前进的学术钻研精神。

6. 讲好冯德培研究神经肌肉接头方面的故事，培养学生不畏艰难、刻苦钻研的精神

中国生理学的发展并不是一帆风顺的，而是经过了无数科研前辈一代又一代的努力奋斗，其中冯德培先生是中国生理学界最重要的推动者之一。

冯德培先生为中国生理学的发展鞠躬尽瘁，他所倡导的严谨的学风和严格的科学态度在中国生理学界蔚然风气。他建立了中国生理学研究团队，他的学生继续坚守在我国生理学研究的各个领域，为生理学的发展作出贡献。

冯德培先生的工作领域主要聚焦于三个方面：神经肌肉接头的信号传递、

神经肌肉间的营养性作用、脑内海马的长时程增强。他提出的静息肌肉被拉长时产热增加被称为“冯氏效应”。在神经肌肉接头生理学方面，他首先发现了突触强直后增强效应（PTP），这是人们第一次认识到突触可塑性的存在，是神经系统可塑性的重大发现，因此冯德培先生被国际公认为神经肌肉接头领域的先驱者。神经肌肉接头是神经信息传到肌肉的关键点，神经肌肉接头的研究至今仍然是研究神经信号传递的重要范式，其中，“冯氏效应”是冯德培先生在利用蛙的缝匠肌研究肌肉的热弹性时发现的，这种因肌肉拉长而使肌肉代谢增强的现象被命名为“引张反应”。

冯德培先生践行了“科学家一辈子不能离开实验室”的诺言。在生物能力学、神经信号的化学传递的研究方面留下了不可磨灭的足迹。

冯德培先生是一位坚定的爱国者。当他以出色的成绩取得博士学位，声名鹊起时，他放弃了国外可能的优厚待遇，回到了正处于军阀混战、民不聊生的祖国，在艰难的境况下为我国生理学界开辟了一片新天地。冯德培先生曾对许多有爱国抱负的归国青年说过：“一个有理想有抱负的中国科学家，不愿寄人篱下，要自己创业，英雄用武之地在中国。”

教师通过讲好冯德培先生对科学抱有最大热情，不断进取，为祖国的科学发展竭尽全力的故事，培养学生追求真理、敢为人先、报效国家的科学家精神。

7. 讲好霍金一生与“绝症”共存，不断探究科学的故事，培养学生不轻言放弃的执着精神

运动是人和动物维系生命体征最基本的功能活动之一。人类能完成许多复杂又高精的运动，如体操运动员的空翻转体和钢琴家的曲谱演奏等，这些运动都需要神经系统对躯干和四肢各肌群在精确的时间和空间内进行调控来实现，一旦骨骼肌失去神经系统的调控，就会出现相应的运动障碍。运动控制系统分为上、下运动神经元，上运动神经元指皮层和脑干中支配下运动神经元的神经元，尤其指皮质脊髓束神经元；下运动神经元指脊髓灰质前角的运动神经元。

史蒂芬·霍金是世界著名物理学家，因患有肌萎缩性脊髓侧索硬化症而丧失活动能力。肌萎缩性脊髓侧索硬化症是一种不寻常的早发性和慢发性疾病，这种疾病俗称渐冻症，也称运动神经元疾病，是一种不可逆的致死性运动神经元疾病。在牛津大学读书时，霍金发现自己动作逐渐笨拙，经常摔跤，甚至最后连讲话都含糊不清。到了后期，他走路必须使用拐杖，并逐渐失去了书写的能力。但霍金为了继续从事自己热爱的科研事业，发明了一种替代的视觉性方法，他可以在大脑里形成各种不同的心智图案与心智方程，之后利用这些心智元素来思考物理问题。随着这些年脑电技术发展，霍金可以靠一些高科技设备进行发声和交流，探讨学术问题，但他身体的其他部位依旧无法自由活动。就是在这样的身体条件下，霍金出版了令世人惊叹的《时间简史》，阐释了时间起源、宇宙终结、时间旅行等诸多问题。他在发表诸多著作的同时，也研究了许多从未被涉足的领域，提出了平行世界、时光机、四度空间、量子泡沫等奇思妙想。无论面对怎样的现实，他都能坚持梦想、满怀热情地沉浸在物理世界，研究物理问题。

身患无法治愈的疾病，只能缩在轮椅上连说话都困难的霍金，依旧为了自己所热爱的事业，不断探索，不断发现，为此奉献了自己的一生。作为一名物理学家，霍金身体力行诠释了“伟大”二字：探索未知、传承知识及普及科学——他在黑洞热力学、广义相对论和量子引力方向有着杰出的学术贡献；他指导的博士生也在学界各个领域成为执牛耳者；在他的科普读物《时间简史》《果壳中的宇宙》和《大设计》的影响下，越来越多的人开始仰望天空，思索何为宇宙。

教师通过讲好霍金不畏痛苦、不畏疾病、坚强不屈地为所热爱的科学事业奉献一生的故事，激励学生在人生中不要轻言放弃，因为没有一种坚持会被辜负。

8. 讲好张定宇医生身患“绝症”依旧奋战在抗疫前线的故事，培养学生不忘初心、忠诚履职、勇于担当的精神

这是一个被历史与人民永远铭记的英雄群体。新冠肺炎疫情暴发时，他们向险而行；与新冠病毒殊死搏斗时，他们与时间赛跑；在抗疫一线战场上，他们始终心系人民。张定宇是这个英雄群体的杰出代表。

2019 年 12 月 29 日，湖北省传染病定点医院——武汉市金银潭医院里转入了一批不明原因的肺炎患者，为了尽快查明病因，张定宇医生果断采用肺泡灌洗的方法，及时采集到了患者肺部深处的样本，为后来成功分离出病毒颗粒、发现和确认新冠病毒争取了宝贵时间。随后几天，不明原因的肺炎患者越来越多，张定宇察觉到情况的严重性，迅速向全院发出预警，同时申请了ICU配置的所有设备。2020年1月23日，武汉关闭离汉通道。与此同时，不断有患者进入金银潭医院，医院的灯火自那时起没有一天熄灭，医护工作者彻夜忙碌，无人退缩。

从武汉疫情阻击战打响的那一刻起，张定宇医生就日夜奋战在第一线。面对疫情，面对成百上千不明原因的病人涌入医院，他坚定地说："我一定要为我们的病人，为我们的城市，为我们的国家筑起一道生命的长城！"张定宇是一名渐冻症患者，即便如此，他依旧坚守工作岗位，奋不顾身地投身战疫一线，面对亲人的担心、社会各界的关心，他却很淡然："既然拦不住时间流逝，那就让它更有意义。能用我的时间，换回别人更多的时间，没有遗憾了。"

张定宇的妻子程琳在救助病人的过程中感染病毒，张定宇在妻子入院三天后才抽出时间赶去探望。妻子程琳并不责怪丈夫，只是担心丈夫太过疲劳。之后的日子，张定宇医生一心扑在救治工作上，收病人、转病人、管病人，事无巨细。张定宇虽然满怀对家人疏忽照料的愧疚，但无悔于自己的选择，"这儿有800多号人你要带领，还有几百个病人等着你。这会儿怎么会说'我不行了，家里头还有什么什么事情'？我没有做太多取舍，也不需要我做取舍"。在疫情当下，正是他这种"舍小家，为大家"的大爱，为患者架起了一道生命屏障，不断地保护着一位又一位病人的生命。

2021年2月17日，张定宇入选"感动中国2020年度人物"，组委会给他的颁奖词是："步履蹒跚与时间赛跑，只想为患者多赢一秒。身患绝症与新冠周旋，顾不上亲人已经沦陷。这一战，你矗立在死神和患者之间。那一晚，歌声飘荡在城市上空，我们用血肉筑成新的长城。"在人民危难时刻，张定宇肩负责任，用大爱护众生。张定宇是一名医生也是一名病人，但他更是坚守抗疫一线的"人民英雄"。如今，张定宇依旧每天在工作岗位上忙碌着，尽自己的力量为人民和社会作出贡献。作为祖国的希望与未来，作为新一代青年，都应铭记张定宇医生平凡却又朴实的话语："能够工作是幸福的，能够帮助他人也是幸福的。"

教师通过讲好张定宇医生在祖国危难之际，即使身患“绝症”依旧挺身而出的故事，培养学生不忘初心、忠诚履职、勇于担当的精神。

四、课后思考

1. 我们应如何评价冯德培教授说的“科学家一辈子不能离开实验室”？

2. “感动中国2020年度人物”对张定宇的颁奖词“步履蹒跚与时间赛跑，只想为患者多赢一秒”，请谈一谈你对这句话的理解。

（执笔：李　岩　赵　丽　蔡佳珈）

第十章　运动技能

本章主要介绍运动技能的概念和生理本质、运动技能的学习进程和影响运动技能学习发展的因素等内容。

一、教学目标

1. 知识与技能目标

（1）掌握运动技能的基本概念、运动技能的分类和运动技能的生理本质。

（2）熟悉运动技能学习的泛化、分化和巩固与动作自动化这三个连续过程，并学会运用于训练教学实践中。

（3）了解动机与大脑皮质机能状态对运动技能发展的影响、身体素质对运动技能发展的影响、感觉机能与反馈对运动技能发展的影响、教学方法对运动技能发展的影响和运动技能的迁移等。

2. 过程与方法目标

结合运动技能的形成过程，使学生在运动技能的学习和提升过程中学会发现问题、思考问题、解决问题的方法；结合本章相关理论学习和训练课，培养学生的创新精神和实践能力；结合对体育与运动技能相关故事的解读，使学生了解“运动技能”的学习过程，养成良好的行为习惯。

3. 情感、态度和价值观目标

培养学生突破自我、挑战自我的奋斗精神；培养学生创新发展与不断超越自我，勤于思考与迁移创新以及勤于练习与团结协作的竞技体育精神；培养学生精益求精、兢兢业业的奉献精神；培养学生树立正确的行为动机、不断追求卓越的竞技体育精神。

二、课程思政元素分析

课程思政元素分析见表 10-1。

表 10-1 运动技能——课程思政元素分析

课程知识点	课程知识点与思政元素融合案例	思政目标
运动技能的形成过程	刘翔 110 米栏比赛更改上栏技术的故事	培养学生突破自我、挑战自我的奋斗精神
	博尔特因受到场外干扰而退赛的故事	培养学生不受干扰、沉着冷静的心态
运动技能迁移	刘翔从跳高转向 110 米栏的故事	培养学生创新发展和不断超越自我的竞技体育精神
	冬季雪上耐力项目夏季训练方法创新	培养学生勤于思考、迁移创新的竞技体育精神
运动技能学习	雪上耐力项目运动技能模仿练习	培养学生勤于练习、团结协作的竞技体育精神
	雪上耐力项目视觉与本体感觉相互作用	培养学生勤于思考的习惯，拓展获取知识的途径
运动技能学习与动机	高水平运动员良好比赛动机的故事	引导学生树立正确的行为动机，培养学生不断追求卓越的竞技体育精神

三、课程思政教学案例

1. 讲好刘翔 110 米栏比赛更改上栏技术的故事，培养学生突破自我、挑战自我的奋斗精神

运动技能的形成是由简单到复杂的过程，并有其形成、巩固和发展的阶段性变化规律，主要由动作的泛化、分化和巩固与自动化相互联系的三个阶段或三个过程组成。只有在遵循规律的基础上，反复对技术动作进行“重复”练习，运动技能才能有所突破。

刘翔，是中国田径史上第一个获得奥运会、世界田径锦标赛、世界室内田径锦标赛、国际田联大奖赛总决赛等国际比赛冠军的运动员，曾打破多项世界纪录。在 2004 年雅典奥运会上，刘翔以 12 秒 91 的成绩夺得 110 米栏冠军，并追平了英国运动员科林·杰克逊创造的世界纪录；在 2006 年洛桑田径超级大奖赛上以 12 秒 88 的成绩打破了世界纪录。一时间，“飞人”刘翔成了中国的骄傲。但是，江山代有才人出。2008 年，来自古巴的年轻选手戴龙·罗伯斯在捷克俄斯特拉发田径大奖赛上以 12 秒 87 的成绩打破了刘翔创造的世界纪录，并在同年的北京奥运会上夺得了冠军。面对如此强劲的对手，刘翔需要具备更加全面的技战术，为此付出更多的努力。

在男子 110 米栏跑道上，刘翔以往采用的技术是 8 步攻栏法。8 步攻栏法更符合亚洲人的体型，而罗伯斯采用 7 步攻栏法，在力量和速度方面对运动员的要求更高。毫无疑问，刘翔的跨栏技术和栏间跑节奏处于世界顶尖水平，但在起跑方面慢于罗伯斯。鉴于此，刘翔及团队下决心更改起跑技术，改变在起跑阶段就落后对手的不利局面。但是，对于像刘翔这样技术动作已经定型的顶尖运动员来说，改变技术动作并不是一件容易的事。高水平运动员的技术动作一旦达到巩固和自动化阶段后，全身本体感觉同样达到定型且不易改变。而且，7 步上栏技术还对运动员的身体素质提出了更高的要求，从起跑线到第一个栏的 13.72 米距离，刘翔已经用 8 步“丈量”了 12 年，这次 8 步改 7 步也让他和教练心里有些“七上八下”。

但是，刘翔还是克服了技术和心理障碍，这位曾经的奥运冠军沉下心来，重新开始学习 7 步上栏技术，“泛化”“分化”“巩固与自动化”，最终获得了巨大的突破。仅仅在更改技术三个月后，刘翔就在上海钻石联赛跑出 13 秒 07 的成绩，一举夺得了这次比赛的冠军，这也是他自伤愈复出以来的最好成绩。

教师以高水平运动员重新学习技术为例，如“刘翔改技术”等，鼓励学生应该以积极的态度面对生活、学习和训练中的挑战，克服困难、不断突破自我，取得最终成功。

2. 讲好高水平运动员比赛不受干扰的故事，培养学生沉着冷静的心态

运动员在赛场上经常会受到场外因素的干扰，比赛时保持稳定的心态对发挥正常水平非常重要。高水平运动员之间的比赛往往是心态的“较量”。

运动技能分为闭式和开式两类。闭式运动技能的特点是在完成动作时，基本上不因外界环境的变化而改变自己的动作，完成动作时反馈信息主要来自本体感受器。开式运动技能是指在完成动作时，随时会改变自己的动作，在结构上会表现出多样性或非周期性特征，完成动作时需要多种分析器参与工作。赛场的环境往往要比训练场上更加复杂，运动员会受到更多因素的影响，如来自观众的欢呼声、啦啦队的呐喊助威以及裁判的判罚等，这些都会对赛场上运动员的心态产生影响。

如果运动员在比赛过程中无法保持稳定的心态，场外因素的干扰会影响运动员的正常发挥。2011 年的大邱田径世锦赛，是博尔特运动生涯中最遗憾的一场比赛，只因为“闪电侠”太想突破自己 100 米 9 秒 58 的纪录。正值巅峰期，无人能敌，打破世界纪录才是他最大的目标，由于太想证明自己而抢跑，导致其被罚离场。他表示：“赛场观众渴望的助威声确实对我的发挥产生了一定的压力和影响。”因此，在日常训练或者常规比赛时，运动员应对场外因素有较强的抗干扰能力，只有保持稳定的心态才能有稳定的发挥。

教师讲述运动员受场外因素干扰影响正常发挥这一现象，提醒学生在比赛或训练过程中，只有保持稳定的心态，沉着冷静，才能有好的发挥。

3. 讲好刘翔从跳高转项 110 米栏的故事，培养学生创新发展和不断超越自我的竞技体育精神

运动技能学习迁移是已经获得的经验对于后来学习效果的影响，其中以前获得的经验对以后学习起促进作用的称为正迁移，也称良性迁移。具有相似运动技能的不同项目，运动员都能较快掌握，这主要是运动技能良性迁移的作用。

刘翔从小在运动方面就表现出了非同一般的天赋，被来自上海市普陀区体校的教练顾宝刚招入门下。当时刘翔的主项是跳高，副项是 100 米。在训练前期，刘翔的爆发力强，协调性也好，再加上性格十分好强，练习刻苦，他的跳高成绩在开始一段时间提高得很快，但是他的腰椎柔韧性稍差，向后仰的幅度不够，所以在后期阶段提高成绩稍显困难。

由于刘翔具备出色的身体素质，很快就被上海体育运动技术学院田径队二线队教练方水泉看中，并进入市体校，从跳高转项到跨栏。在市体校，虽然刘翔是从零基础开始学习跨栏，但是由于刘翔具备跳高的训练基础，弹跳力强、跑步节奏好、速度快，这些特点对刘翔学习跨栏的帮助很大。在刘翔 14 岁那年，他报名参加了上海市少儿田径锦标赛，以 15 秒 07 的成绩获得了 15 岁年龄组的冠军。此时，距离刘翔学习跨栏还不到一年。随着刘翔的成绩不断进步，很快进入一线队并与孙海平教练结缘，最后刘翔以国家队运动员的身份参加了 2004 年雅典奥运会跨栏比赛，并拿到了中国田径史上第一个短跨项目奥运冠军。北京体育大学 2019 级博士徐梦桃，也是早年从体操“转行”到滑雪的，在北京冬奥会上为中国自由式滑雪空中技巧女队赢得奥运历史首金。

教师通过运动员跨界跨项成功的案例，如刘翔和徐梦桃转项，讲授相关运动项目之间技能的迁移现象。鼓励学生在日常学习、训练时多将专业知识与运动实践相结合，为训练备战助力；另外，在带队训练过程中强调创新训练手段的重要性。

4. 讲好冬季雪上耐力项目夏季训练方法创新的故事，培养学生勤于思考、迁移创新的竞技体育精神

越野滑雪和冬季两项需要运动员具有良好的雪上技术感觉和体能。冬季项目全年训练期主要分为夏季训练期和冬季训练期两部分。夏季训练期可以使运动员的力量和协调素质得到提高，可以较好地产生运动技能的迁移效果，提高对滑雪技能的掌握，达到较好的训练效果。例如，在夏季体能储备期间，教练通过自主创新训练手段，安排沙滩短距离的“趴跑”训练，不仅有助于发展运动员的基础力量素质，更重要的是可以提高运动员的整体协调性。

教师通过讲述高水平教练运用运动生理学知识创新训练手段，鼓励学生在日常学习和训练时勤于思考、勇于创新。

5. 讲好冬季雪上耐力项目运动技能模仿练习的案例，培养学生勤于练习、团结协作的竞技体育精神

在体育教学和训练中充分发挥位置觉和本体感觉的相互作用，是快速学习和掌握运动技能的重要途径。越野滑雪和冬季两项除了对运动员的体能要求较高外，滑行技术和射击稳定性对竞技运动表现起着重要作用，只有通过日常有参考对象的反复练习，进行动作模仿，充分发挥机体位置觉和本体感觉之间的相互作用，才能在比赛中较好地发挥竞技水平。

机体运动时骨骼肌的本体感觉水平不同程度地反映了运动技能的掌握程

度。在运动实践过程中，雪上项目教练为了让年轻运动员能够尽快熟练掌握运动技能，除了高山、跳台和自由式滑雪需要陆地模仿外，越野滑雪和冬季两项作为雪上耐力项目同样需要对不同滑行技术（冬季两项不仅需要模仿滑行，还包括卧射和立射）进行反复多次的模仿。当进行模仿训练时，动作结构和发力顺序均与比赛时相近，需要长期进行模仿，以便形成正确的本体感觉，这有助于运动技能的快速提高。虽然模仿训练课不是主要训练课，但运动员均自觉地在全天训练课后进行模仿练习，队员之间往往互相监督、取长补短，形成一个非常良好的训练环境。

教师通过讲述高水平运动员运动技能形成的知识案例，以“位置觉和本体感觉结合训练”为切入点，培养队员之间互相配合、团结协作的精神。

6. 讲好冬季雪上项目视觉与本体感觉相互作用的案例，培养学生勤于思考的习惯，拓展获取知识的途径

在竞技体育的训练过程中，不论什么运动项目，视频学习和动作回顾均是训练课程的重要组成部分，尤其是技巧性项目更是如此，对运动技能的学习具有重要作用。

在运动实践过程中，为了让运动员能够尽快熟练掌握运动技能，许多教练，如体操、越野滑雪等都会要求运动员观看训练视频或者比赛视频。视频观看也是重要的训练手段之一，这种方法可以刺激视觉感受器。观看视频主要包括观看高水平运动员的训练、比赛视频和自己的训练、比赛视频两部分。在观看其他优秀运动员的训练和比赛视频时，可以分析他们的技术特点、习惯线路和战术变化，并比较自己与优秀运动员之间的差异。现代竞技体育取胜的关键不仅是依靠人，更要依靠科技的力量。运动员在观看训练和比赛的视频时，可以找到阻碍自身成绩提高的主要因素，例如，在观看刘翔和罗伯斯的比赛视频时发现，刘翔虽然在跨栏的技术和栏间跑节奏方面优于罗伯斯，但是在起跑阶段落后于罗伯斯。随后教练根据视频对刘翔的跨栏技术进行了调整。

这部分辅助训练需要的资料主要由国家队的工作人员完成。他们在训练课中、课后录制训练视频，在网络上搜集国际比赛视频，将视频反馈给教练和运动员进行对比学习。工作人员与运动员相互配合，团结协作，各司其职，齐心协力，最终帮助运动员取得优异成绩。

教师通过讲述高水平运动员运动技能形成、改进提高的案例，强调科技在体育领域中的运用，使学生领悟国家发展，科技先行；体育发展，科技先行的道理。

7. 讲好高水平运动员良好比赛动机的故事，引导学生树立正确的行为动机，培养学生不断追求卓越的竞技体育精神

动机与运动技能的形成、运动成绩的提高及竞技表现之间的关系非常复杂，合理激发运动员的动机对提高运动成绩至关重要。高水平竞技体育比赛就是不同运动员心态的比赛。研究表明，动机唤醒水平与运动成绩之间并非成正线性关系，而是呈倒 U 形。当动机唤醒水平较低时，工作效率较低；当动机唤醒水平中等时，工作效率最高；当动机唤醒水平较高时，工作效率下降。因此，教练或运动员在训练时要注意动机唤醒水平，将其控制在适合范围内。

当运动员对训练、比赛、提高成绩、夺冠的动机水平下降时，教练要及时调整运动员的心态，合理激发运动员的动机，可以通过以下几种方法，如满足运动员的需要，合理运用强化手段，因材施教，培养责任心等。

当运动员比赛时内心始终有所谓的“冠军包袱”，希望比赛获得成功的动机过于强烈时，往往对于运动技能的正常发挥产生负面影响。2018 年平昌冬奥会冬季两项男女混合接力决赛比赛前，德国队单项已经拿下 8 枚金牌中的 3 枚，整体实力超群。在混合接力比赛时，德国队前三棒领先 30 多秒，第四棒（Peiffer）是本届冬奥会短距离单项冠军，如果能正常发挥将稳获冠军。但是太想拿到这枚金牌的压力导致其比赛时发挥失常，卧姿射击丢 2 靶、站姿射击丢 4 靶导致“罚圈”，直接失去争夺冠军的资格，最后仅获得第四名。因此，树立正确的比赛动机，保持专注力是运动员竞技水平正常发挥的重要基础。

教师通过讲授动机与运动技能表现之间的关系，提醒学生在日常学习或技能展现中，面对所要完成的任务，要合理激发动机，适当调整心态才能有更好的发挥。

四、课后思考

1. 我们应如何认识刘翔为了提高比赛成绩而主动改变技术?

2. 利用运动技能迁移知识，我们在周期性滑雪实践课教学中如何安排夏季训练计划?

3. 运动员应当如何树立比赛动机?

（执笔：汪 军 韩 鹏）

第十一章　有氧、无氧工作能力

本章主要介绍有氧工作能力和无氧工作能力的概念、影响因素及训练方法，介绍最大摄氧量、乳酸阈和无氧功率等与有氧、无氧工作能力有关的生理学指标及其理论与实践意义等内容。

一、教学目标

1. 知识与技能目标

（1）掌握机体有氧、无氧工作能力相关的基本概念，包括：需氧量、摄氧量、氧亏、运动后过量氧耗和无氧功率；掌握有氧、无氧工作能力的评价指标及训练方法。

（2）熟悉最大摄氧量、乳酸阈和无氧功率的测试方法，并学会用于运动实践；熟悉有氧工作能力和无氧工作能力的生理学基础并用于运动训练和健身实践。

（3）了解最大摄氧量、乳酸阈、无氧功率测试设备及科技进展。

2. 过程与方法目标

结合有氧、无氧工作能力训练的过程，使学生学会发现问题、思考问题、解决问题的方法；结合本章相关实验课，培养学生的创新精神和提高实践能力；结合对社会、体育热点事件的解读，使学生了解有氧、无氧工作能力的训练及评价，并了解训练背后的生理学原理。

3. 情感、态度和价值观目标

培养学生团队合作品质；培养学生追求卓越的拼搏精神；培养学生细化人生目标、脚踏实地的奋斗精神；培养学生科技助力体育发展的创新精神；培养学生合理目标定位、顽强拼搏的竞技体育精神；培养学生生活中生命不息、运动不止的习惯和工作学习中精益求精的精神。

二、课程思政元素分析

课程思政元素分析见表 11-1。

表 11-1　有氧、无氧工作能力——课程思政元素分析

课程知识点	课程知识点与思政元素融合案例	思政目标
"有氧运动"概念	"有氧运动之父"肯尼斯·库珀博士的故事	鼓励学生养成终身体育的习惯，为祖国健康工作五十年
有氧工作能力	邢慧娜雅典奥运会万米"破局"夺冠的故事	培养学生合理定位目标、顽强拼搏的竞技体育精神
	马拉松冠军山田本一合理分割任务的故事	培养学生细化人生目标、脚踏实地的奋斗精神
	高水平越野滑雪运动员刻苦训练备战奥运的故事	培养学生追求卓越的拼搏精神
有氧、无氧监控	监控设备（血乳酸仪）的发明	培养学生科技助力体育发展的创新精神
无氧工作能力	里约热内卢奥运会和东京奥运会中国男子 4×100 米接力队决赛出色表现的故事	培养学生团队合作精神

三、课程思政教学案例

1. 讲好"有氧运动之父"肯尼斯·库珀博士身体力行、勤于钻研的故事，鼓励学生养成终身体育的习惯，为祖国健康工作五十年

机体较低的有氧能力往往与各种慢性疾病的发病率增加密切相关。有氧能力可以作为临床生命体征，为机体健康风险评价提供参考。

肯尼斯·库珀博士说："有氧能力是其他一切人生出彩的基础，我们帮助每一个人提高它。"我们在提供运动处方的过程中经常提及的"有氧运动"就是肯尼斯·库珀博士在 1968 年提出的。这位有氧运动之父一直都在践行着"生命不息，运动不止”的信条，以保持足够的精力维持高强度的工作运转。不仅如此，他每去一个国家都会在当地积极宣传“有氧运动”的益处。库珀博士成立了库珀有氧运动中心，进行“有氧运动领域”的发明、研究和追踪，通过大样本量搜集形成数据库，进行逻辑推论，在精益求精的基础上得出严谨的科学结论，为竞技体育和体育健身作出了重要贡献。其中“Cooper 12 分钟跑”是间接测试机体最大摄氧量的方式，“1.5 英里有氧能力测试”等一系列有氧运动记分系统一直在军队和专业运动队沿用至今。

教师通过讲述肯尼斯·库珀博士在有氧运动领域身体力行、勤于钻研的故事，鼓励学生们在日常生活中必须养成规律锻炼的好习惯，每天选择一定的时间“走出教室、走出宿舍、走进运动场”进行运动，这样不仅有助于缓解学习和工作压力，而且也有助于增强体质，减少患病风险。

2. 讲好邢慧娜雅典奥运会万米“破局”夺冠的故事，培养学生合理定位目标、顽强拼搏的竞技体育精神

有氧工作，是指机体在有氧气的参与下，将能源底物糖和脂肪等分解生成 ATP 供能的方式。在运动能力一定的情况下，长距离耐力项目的竞争，归根结底是技战术运用和意志品质的竞争。

田径比赛作为夏季奥运会金牌数最多的项目，拥有极高的关注度。田径是我国的弱势项目，但 2004 年雅典奥运会的赛场上，除了刘翔在短距离技术性项目 110 米栏给我们带来惊喜外，20 岁小将邢慧娜在 10000 米长距离比赛中的表现同样值得国人铭记。当时作为“小角色”的邢慧娜在 10000 米赛场上名气不如其他知名选手，在自己的主项女子 5000 米比赛成绩不理想后，邢慧娜在参加 10000 米比赛时心情反而很放松，对比赛有着合理的心理预期和心理定位。比赛开始后邢慧娜心态就很稳定，凭借自己的意志品质紧紧跟随第一集团，在最后不到 100 米时完成超越，以 30 分 24 秒 36 的成绩为中国代表团夺得了 2004 年雅典奥运会的第 27 枚金牌，创造了自己的 10000 米最好成绩，总成绩提高一分多钟。

教师通过讲述邢慧娜 10000 米比赛顽强拼搏、合理定位比赛目标，最终“破局”夺冠的故事，告诉学生们生活就像长距离比赛一样，面对压力，可以合理定位大目标，设置短期小目标，但绝不能“躺平”，必须保持顽强拼搏的姿态去面对一切挑战。

3. 讲好马拉松冠军山田本一合理分割任务的故事，培养学生细化人生目标、脚踏实地的奋斗精神

运动员想要提高有氧工作能力需要在有氧代谢范畴之内掌握训练强度，因此运动负荷量和负荷强度的安排至关重要。有氧耐力训练和比赛以“长时间、持续性”为特点，过程往往较为枯燥。如果阶段性地简化终极目标，一步一个脚印地完成阶段性目标，逐步逼近终极目标，则漫长的过程可能始终在把控之中。

1984 年，一位名不见经传的日本选手——山田本一获得东京国际马拉松邀请赛的冠军，他的这次比赛惊艳了所有人。因为在这次马拉松比赛之前，没有多少人认识山田本一，甚至都没听说过他。比赛之后，众人纷纷询问这位横空出世的冠军，成功的秘诀是什么？山田本一只是简单地回答：“我是靠智慧战胜了对手。”马拉松项目是非常考验运动能力的项目，以往拿到冠军的运动员无一不是靠长期艰苦的训练和过硬的身体素质。山田本一却说他的胜利依靠的是智慧，这听起来像是无稽之谈。但是在两年后，山田本一再次获得国际马拉松邀请赛冠军。这次，面对众人的疑问，山田本一还是回答说他是依靠智慧赢得了马拉松比赛。直到 10 年后，山田本一才在他的自传中说出了他获得马拉松冠军的智慧秘诀。

原来在每次比赛之前，山田本一都会开车沿比赛路线绕上一圈，记住赛道沿途的一些标志点，如大型的建筑物和特殊的植被等。回来后，山田本一会将所有标志点画在地图上，一直标志到赛道的终点。比赛时，山田本一首先会冲向第一个目标标志点，到达之后心里就会受到鼓舞。然后他再奔向第二个目标标志点、第三个目标标志点……就这样，原本长长的跑道被分成了一个个小目标，他每次都完成一个小目标，就不会觉得终点遥不可及。马拉松作为长距离耐力项目，考验的是运动员长时间运动的能力，能否保持良好的心态，稳定发挥水平是非常重要的。当我们面对遥不可及的目标时，不要气馁，可以依照自己的实力从小事做起，将原本遥不可及的目标分解成一个个的小目标，只有一步一步地完成这些小目标才更容易实现大目标。

教师通过讲述马拉松运动员山田本一分割任务、获得成功的案例，提醒学生在日常工作和学习中应该善于将大目标细化分解为小目标，然后再一个个地去实现，才能不断接近成功。

4. 讲好高水平越野滑雪运动员刻苦训练备战奥运的故事，培养学生追求卓越的拼搏精神

机体有氧耐力训练必须长期坚持，耐力性项目运动员常年保持高水平有氧耐力离不开刻苦训练和顽强拼搏的意志品质。

李宏雪是国家越野滑雪队的一名队员，她曾多次参加近百公里的超长距离比赛。面对时间长、严寒和大负荷有氧耐力的多重挑战，这个纤瘦的女孩每一次都咬牙坚持到终点，而且都取得了不错的成绩。在 18000 多人参加的瑞典瓦萨滑雪节 90 公里比赛中，李宏雪获得了第五名，高居亚洲女运动员的榜首，在场的众多欧洲教练为之惊叹。

李宏雪的优异成绩与她长期刻苦的训练、良好的生活习惯和规律的作息是分不开的。越野滑雪是非常考验身体素质的运动项目，越野滑雪的日常训练中有许多常人想象不到的艰苦。李宏雪虽然是一名 37 岁的老将，但是每天的训练她从不缺席，训练量也从不打折扣。通常，机体有氧能力随年龄增长而出现下降，但是李宏雪的有氧能力在 10 年内基本没有退步，这是非常厉害的。在 2003 年，李宏雪在芬兰沃卡提测试最大摄氧量的结果是 70 mL/（kg · min）；2021 年 3 月，李宏雪在北京体育大学二七国家冰雪运动训练科研基地测试最大摄氧量结果仍旧保持在 70 mL/（kg · min）。

在以越野滑雪为代表的冰雪项目中，我国长期落后于北欧等国家。我们正需要像李宏雪这样顽强拼搏的运动员，她真正做到了习近平总书记给北京体育大学 2016 级研究生冠军班全体学生的回信中提到的：“新时代的中国，更需要使命在肩、奋斗有我的精神。希望你们继续带头拼、加油干，为建设体育强国多作贡献，为社会传递更多正能量。”

教师以越野滑雪有氧项目为例，告诉学生机体有氧能力随年龄增长出现下降的现象，提醒学生在日常生活中需要养成坚持锻炼的好习惯。心肺耐力与机体众多疾病和生活质量息息相关，督促学生只有养成良好的生活作息，才能拥有健康的体魄。

5. 讲好训练监控设备（血乳酸仪）发明的故事，培养学生科技发明、助力体育发展的创新精神

有氧耐力训练课安排的训练强度和训练量只有通过科学合理的监控，才能有效保障运动员科学训练，减少运动损伤的发生。

在逐级递增负荷运动中，血乳酸浓度会随着运动负荷的递增而增加，当运动强度达到某一负荷时，血乳酸出现急剧增加的那一点称为“乳酸阈”，这一点对应的运动强度即乳酸阈强度。它反映了机体的代谢方式由以有氧代谢为主过渡到以无氧代谢为主的临界点或转折点。

大众群体和运动员按照乳酸阈强度制订训练方案能有效提高机体有氧能力，获得不错的训练效果。在测定乳酸阈时，进行逐级递增负荷的运动中，以运动负荷时的做功量为横坐标，以血乳酸浓度为纵坐标作图，将血乳酸急剧增加的拐点所对应的乳酸浓度确定为乳酸阈，相对应的运动强度即乳酸阈强度。训练过程中对机体乳酸水平的实时监控需求日益增加，便携式血乳酸仪的发明与应用，以快速、精确及简单的操作，为竞技体育的科学化、个性化训练，身体机能有效指标的个性分析提供了可能，极大地促进了竞技体育水平的提升。

便携式乳酸仪对医学和运动医学界来说都是一个伟大发明。原先在测试血液乳酸时，需要取全血分离血清，之后再用对羟基联苯比色法进行测试。测试过程中需要在血清样品中加入适量浓硫酸和硫酸铜，然后加入羟基联苯，在30℃水浴下显色30分钟，在沸水浴90秒后再次显色，利用比色法进行测试。步骤多而且耗时较长，测试值也存在一定误差。在20世纪80年代，美国金泉公司发明的YSI1500血乳酸测试仪，利用酶电极的方式进行测试。只需要20微升血样，在1分钟内就可以测试出血乳酸水平。该仪器的应用推动了能量代谢理论在运动训练中的应用，使众多项目的科学化训练水平得到了极大提高。

教师以便携式血乳酸仪的发明与应用为例，讲好科研成果成功转化的故事，培养学生将理论应用于实践的能力。运动生理学作为竞技体育的基础学科，不能“为了研究而研究”，只有将复杂的理论知识向运动实践转化，才能真正发挥基础运动科学研究的真正价值。

6. 讲好中国男子 4×100 米接力队团结协作的故事，培养学生团队合作精神

无氧工作能力是指运动中人体通过无氧代谢途径提供能量进行运动的能力。它分为 ATP-CP 分解供能和糖酵解供能两种。4×100 米接力是一项高强度无氧运动项目。2016 年，在里约奥运会田径男子 4×100 米接力决赛上，由汤星强、谢震业、苏炳添、张培萌组成的中国队首次进入奥运会 4×100 米接力决赛。队员之间配合得相当默契，团结协作，发挥团队优势，最终取得了第 4 名的成绩。中国田径在 2020 年东京奥运会男子短距离径赛方面表现精彩，一方面男子 4×100 米接力决赛，由苏炳添、汤星强、谢震业和吴智强组成的中国接力队通过默契而精准的交接棒配合，最终以 37 秒 79 的成绩夺得铜牌，创造了中国在该项目的历史最好成绩；另一方面，苏炳添在男子 100 米个人单项比赛中发挥出色，半决赛中跑出 9 秒 83，以半决赛第一的成绩闯入决赛并打破亚洲纪录，成为中国首位闯入奥运会男子 100 米决赛的运动员。

教师以“4×100 米接力”无氧团体项目为例，讲述中国运动员在短跑项目上通过团结协作获得成功的故事，培养学生精益求精、团队协作和永不放弃的竞技体育精神。

四、课后思考

1. 我们应如何认识我国径赛项目 100 米取得突破？

2. 结合日本马拉松选手山田本一的故事，我们应如何进行长距离耐力项目的训练和比赛？

（执笔：汪 军 韩 鹏）

第十二章　身体素质

本章主要介绍力量、速度、耐力、平衡、灵敏、柔韧及协调素质的生理学基础及相关训练手段与方法等内容。

一、教学目标

1. 知识与技能目标

（1）掌握决定肌肉力量、速度的生理学基础，力量训练原则。

（2）熟悉力量、速度和耐力素质的训练方法。

（3）了解耐力素质的分类及其表现，平衡、灵敏的生理学基础以及训练原则和评定方法。

2. 过程与方法目标

结合各种身体素质的训练方法，培养学生发现问题、思考问题、解决问题的能力；结合身体素质评价方法，培养学生动手操作能力及社会实践能力。

3. 情感、态度和价值观目标

培养学生千锤百炼、厚积薄发、不忘初心的意志品质；培养学生无私奉献的精神和国家使命感、荣誉感；培养学生开拓进取、攻坚克难的精神；树立学生祖国至上、团结协作、顽强拼搏、永不言败的坚定信念；培养学生科学训练、合理把握比赛节奏的能力；培养学生“源于体育、回馈体育、发展体育”的精神；培养学生苦练内功、永不服输的精神。

二、课程思政元素分析

课程思政元素分析见表 12-1。

表 12-1 身体素质——课程思政元素分析

课程知识点	课程知识点与思政元素融合案例	思政目标
力量素质	巩立姣“十年磨一剑”的故事	培养学生千锤百炼、厚积薄发、不忘初心的意志品质
	唐功红“奋力一举”为国争光的故事	培养学生无私奉献的精神和国家使命感、荣誉感
速度素质	苏炳添“两改技术动作”的故事	培养学生开拓进取、攻坚克难的精神
	中国女排总教练郎平“荆棘与荣耀”的故事	树立学生祖国至上、团结协作、顽强拼搏、永不言败的坚定信念
耐力素质	奥运冠军邢慧娜“间歇训练”的故事	提高学生科学训练、合理把握比赛节奏的能力
平衡、灵敏、柔韧和协调素质	“体操王子”李宁夺冠及创建运动品牌的故事	培养学生“源于体育、回馈体育、发展体育”的精神
	讲好“冰上搭档”韩聪和隋文静携手逐梦的双人滑故事	培养学生苦练内功、永不服输的精神

三、课程思政教学案例

1. 讲好巩立姣“十年磨一剑”的故事，培养学生千锤百炼、厚积薄发、不忘初心的意志品质

力量是人体对抗阻力的能力，是速度、耐力、灵敏和柔韧等身体能力要素的基础。人体姿势的维持、自身肢体的移动及克服阻力对外做功都需要一定水平的肌肉力量。肌肉力量可以表现为绝对力量、相对力量、肌肉爆发力和肌肉耐力等几种形式。在训练实践中，教练发现运动员力量素质的提高与专项能力的提高不同步，说明一味地提高绝对力量，并不能有效提高专项力量，发展专项力量必须符合运动项目的技术特点。

铅球项目对运动员的力量素质要求较高，专项体能中的力量素质训练对于运动员成绩的提高也十分重要。在许多人看来，推铅球是一项很简单的运动，

但恰好相反，它其实是一项技术性很强的运动，仅依靠绝对力量是推不远的。作为中国女子铅球的领军人物，中国田径历史上首位取得国际田联钻石联赛冠军的运动员巩立姣，除了进行一般力量训练之外，更加注重提升专项力量和提高技术稳定性的训练。巩立姣在采访中曾提道：当年她的师父李梅素作为运动员时，训练强度非常大，每天要投上百次球，而如今她们每天的训练量控制在30～40次，更加注重每次投球的质量，这有利于预防伤病的发生。她还提道，他们改变了传统力量训练方式，在“高翻”“抓举”和“深蹲”这些动作基础上，强化了“斜推”和“后挺”两个动作，使力量和技术配合变得更加契合。

32岁的巩立姣参加过4届奥运会，前3届奥运会都与金牌失之交臂，她怀疑过自己、否定过自己，但却从未想过放弃。在备战东京奥运会期间，她屏蔽外界的干扰，专注提升自己，为奥运会积蓄力量。终于在东京奥运会的比赛场上，以绝对的优势向世界展示了“中国力量”，一掷夺金。这不仅圆了巩立姣21年的奥运梦，更捍卫了中国投掷的荣耀。她用“十年磨一剑”的坚持和努力，用“永不言弃”的执着和顽强，谱写了中国田径人的顽强拼搏精神。

“宝剑锋从磨砺出，梅花香自苦寒来”，教师通过讲好巩立姣“十年磨一剑”投掷铅球的故事，培养学生树立坚持梦想、不忘初心的信念；培养学生千锤百炼、厚积薄发的意志品质。

2. 讲好唐功红“奋力一举”为国争光的故事，培养学生无私奉献的精神及国家使命感、荣誉感

影响肌肉力量的生物学因素有很多，除年龄和性别外，还受“肌源性”和“神经源性”因素的影响，尤其是举重项目，除了受“肌源性”因素影响运动成绩外，“神经源性”因素也起到至关重要的作用，包括中枢神经激活水平、中枢神经对肌肉的协调及控制能力、神经系统的兴奋状态等方面。

在2004年雅典奥运会的女子75公斤以上级举重决赛赛场上，我国运动员唐功红顶着巨大的心理压力，在最后一次试举冒险选择冲击182.5公斤超大重量，而这一重量从未在奥运赛场或国际大赛上出现。伴随着一声呐喊，她释放出巨大的能量，中枢神经系统的兴奋性迅速升高，有效地帮助她提高了肌肉的最大力量，成功将杠铃举过了头顶，以绝对的优势击败了韩国选手，为中国代表团拿下这枚沉甸甸的金牌。这一举还打破了女子75公斤以上级挺举和总成绩两项世界纪录。

> 教师通过讲好唐功红在雅典奥运会上“奋力一举”为国争光的故事，培养学生勇往直前、无私奉献的精神以及国家使命感和荣誉感。

3. 讲好苏炳添“两改技术动作”的故事，培养学生开拓进取、攻坚克难的精神

速度素质是指人体进行快速运动的能力或者在最短时间内完成某种运动的能力。按照其在运动中的表现可以分为反应速度、动作速度和周期性运动的位移速度三种形式。其中，位移速度是指周期性运动中人体通过一定距离的时间，如短跑项目，步长和步频这两个因素直接决定运动员短跑速度的快慢。这不禁令人想到苏炳添“两次改变技术动作”，成功突破 10 秒关卡的故事。

苏炳添两次进入世锦赛决赛，在室内田径世锦赛 60 米决赛中获得银牌，100 米又跑出 9 秒 91 的惊人成绩，他的成功绝非偶然，是无数的汗水和不断的努力“拼”出来的。他在功成名就之后，为了突破 10 秒关卡，逼着自己改进动作细节，将“起跑出右脚”这一习惯性动作改为“起跑出左脚”，还将 100 米跑 47 步改为 48 步，这对于技术已经定型的苏炳添来说是一个巨大的挑战。经过不断摸索和艰苦训练，适应新技术的苏炳添在步频上有了显著提升。

在改变起跑技术之前，苏炳添已经是中国飞人，但是他并没有故步自封，满足现状，而是不断改进打磨自己的技术，勇于尝试和突破自己。这也让人们想到刘翔在他的职业生涯后期将 8 步上栏技术动作改为 7 步上栏，他们的勇气和魄力都令人钦佩。曾经有人问苏炳添：100 米短跑提高 0.1 秒有多难？他回答道：“那太难了，我从 9.99 秒提高到 9.91 秒用了 3 年的时间吧。”为了提高每个 0.01 秒，苏炳添付出了常人想象不到的努力。正是这多一步的努力，让他实现了成绩的飞跃，在东京奥运会上跑出 9 秒 83 的新亚洲纪录，成了中国的骄傲、亚洲的骄傲。

> “速度，属于执着于每个 0.01 秒的人”，教师通过讲好苏炳添“两改技术动作”的故事，培养学生开拓进取、攻坚克难的精神。

4. 讲好中国女排总教练郎平“荆棘与荣耀”的故事，树立学生祖国至上、团结协作、顽强拼搏、永不言败的坚定信念

速度素质是指人体快速运动的能力。排球运动中移动、传球、垫球、发球、扣球和拦网等技术都需要在快速运动中完成动作。例如，动作速度是指完成单个动作时间的长短，排球运动员扣球时的挥臂速度就是动作速度，挥臂速度越快，动作速度也就越快，测试发现男子排球运动员扣球速度可达 30 米 / 秒，女子可达 20 米 / 秒。

郎平作为 20 世纪 80 年代世界女子排坛三大主攻手之一，拥有超强的攻击力，为中国女排夺冠立下了赫赫战功。为了练就过硬的本领，郎平每天要进行长达 7 小时的扣球练习，请男运动员给她当陪练，甚至教练还会给她增加训练量，她每天训练完都非常疲惫，有时累得连路都走不动。但艰苦的训练终于结出硕果，在 1981 年世界杯女子排球赛上，郎平在中美之战决胜局中彻底爆发，扣球超过 100 次，带领队伍神奇逆转。1984 年洛杉矶奥运会，她忍着“阑尾炎”的疼痛，坚持与队友们并肩作战，克服重重困难，力挽狂澜，击败东道主美国队，为中国女排夺得首枚奥运会金牌。之后，她与队友们团结奋战，发扬女排顽强拼搏、永不言败的精神，实现了“女排五连冠”的辉煌伟业。

2013 年，郎平听从国家召唤，临危受命，二度执教中国女排。此后的 9 年时间，她率领女排队伍与时代同行，为时代建功，一步一个脚印，一步一个台阶，在 2015 年世界杯、2016 年奥运会、2019 年世界杯三度夺魁，使中国女排重回世界一流梯队。但是比赛总会有输赢，当东京奥运会中国女排提前无缘八强时，郎平指导仍然要求女排队员“抬起头来”，重振精神竭尽全力打完看似没有意义的比赛。这映射出了郎平亮相排坛 40 年来身上最值得崇敬的品质——无论在球场上经历多少输赢，即使被挤压到绝境，也要用尽最后一点力气再搏一下，中国女排精神，志在拼搏。

“光荣的桂冠，用荆棘编织而成。成就的背后，闪耀的是精神。”教师通过讲好中国女排主教练郎平刻苦训练、叱咤风云、临危受命的故事，树立学生祖国至上、团结协作、顽强拼搏、永不言败的坚定信念。

5. 讲好奥运冠军邢慧娜“间歇训练”的故事，提高学生科学训练、合理把握比赛节奏的能力

有氧耐力是指人体长时间进行以有氧代谢（糖和脂肪等有氧氧化）供能为主的运动能力，当最大限度动用机体有氧代谢系统使其处于最大应激状态下进行训练时，能够有效提高机体有氧耐力。常用的发展有氧耐力的方法主要有持续训练法、乳酸阈训练法、间歇训练法以及高原训练法，其中间歇训练法是提高长跑运动员运动成绩的重要训练手段。

间歇训练法是由德国中长跑教练波·格施勒和生理学家莱茵德尔在20世纪40年代共同创造的。捷克斯洛伐克素有“人类火车头”之称的埃·扎托皮克运用此方法创造了18项世界纪录。我国雅典奥运会10000米冠军邢慧娜也常采用这种方法进行训练，如1000米 ×10次，心率控制在180次/分左右，间歇时间为5分钟/组。这种训练不仅可以改善运动员心脏工作能力及最大摄氧能力，还能有效提高其10000米专项能力。

在2004年雅典奥运会的赛场上，我国女子长跑运动员邢慧娜展现出了她超强的有氧耐力，她合理地把握着比赛的节奏，在比赛进行到6600米后，邢慧娜依然位居第一集团，与排名前几位的选手紧紧咬在一起；当跑至8800米时，邢慧娜追到第三名；跑至9600米时，邢慧娜弯道加速超越第二名肯尼亚运动员，在离终点还剩100米时，邢慧娜开始加速，成功超越对手，最终以30分24秒36的超个人最好成绩一举夺魁。她也是亚洲唯一一位夺得奥运会女子10000米金牌的运动员。

教师通过讲好奥运冠军邢慧娜“间歇训练”的故事，提高学生安排有效训练、制订科学训练计划的能力，以及合理调整心态、把握比赛节奏的能力。

6. 讲好“体操王子”李宁夺冠及创建运动品牌的故事，培养学生“源于体育、回馈体育、发展体育”的精神

竞技体操包含许多项目，如高低杠、双杠、吊环、平衡木等，这些项目不仅要求运动员具有良好的神经系统和骨骼肌肉系统的机能，而且还要求运动员必须发展平衡、灵敏、协调等身体素质，以确保完成多种高级复杂的运动技能。

虽然我国的竞技体操项目在20世纪50年代之后才开始发展起来，但是“体

操王子”李宁却先后夺得 14 个世界冠军，夺得 106 块金牌，被誉为 20 世纪最伟大的运动员之一。他曾经在第 6 届世界杯体操赛的男子 7 项比赛中，一人独得 6 枚金牌。2008 年北京奥运会，45 岁的他手持火炬在鸟巢上方腾空奔跑，成功点燃奥运会圣火。

1989 年，曾获超过 100 枚金牌的李宁选择退役，创办了“李宁”公司，致力于打造舒适时尚的国内运动服饰品牌。但是，随着市场竞争越来越激烈，到 2011 年，“李宁”公司共亏损 30 多亿元。面对亏损，他重整旗鼓整理公司，带领公司渡过重重难关。他还参与发起了“中国运动员教育基金会”，用自己建立的商业模式反哺体育产业，为年轻人提供教育及就业机会。

体育是事业，事业需要献身；体育是科学，科学需要求真；体育是艺术，艺术需要创新。

——庄则栋

教师通过讲好“体操王子”李宁夺冠及创建运动品牌的故事，培养学生“源于体育、回馈体育、发展体育”的精神。

7. 讲好“冰上搭档”韩聪和隋文静的故事，培养学生苦练内功、永不服输的精神

在 2022 北京冬奥会赛场上，韩聪和隋文静这对“冰上搭档”弥补了在平昌冬奥会屈居亚军的遗憾，凭借捻转四周、前外螺旋线等最高难度动作，终于圆梦奥运，登上了奥运会双人滑的最高领奖台。鲜花和金牌的背后，凝聚着他们无数的汗水与泪水。为了完成高难度动作，他们以技术为核心，苦练基本功，不断提高柔韧、力量、耐力和平衡等身体素质，弥补身高的不足。在面对强大的对手时，毅然选择挑战最高难度动作，将自由滑《忧愁河上的金桥》曲目在北京冬奥的赛场上演绎得淋漓尽致。

15 年来，他们携手追逐梦想，面对质疑声，他们用成绩有力回击；面对身高劣势，他们苦练内功；面对强大对手，他们迎难而上。“永不服输、追求卓越、超越自我”的体育精神正是他们训练日常的真实写照。

“巧夺天工技艺绝”，教师通过讲好“冰上搭档”韩聪和隋文静携手逐梦的双人滑故事，培养学生苦练内功、永不服输的精神。

四、课后思考

1. 我们应如何看待唐功红在雅典奥运会决赛最后一举中，瞬间拥有强大的肌肉爆发力并完成 182.5 公斤超大重量？

2. 对于投掷铅球项目的运动员来说，“20 米”为何难以突破？我们应如何看待巩立姣“十年磨一剑”追逐铅球冠军梦？

3. 对于苏炳添“两改技术动作”，你是如何看待的？

（执笔：于　亮　高　扬）

第十三章　运动性疲劳

本章主要介绍运动性疲劳的概念、分类、产生机制及评判的相关手段与方法等内容。

一、教学目标

1. 知识与技能目标

（1）掌握运动性疲劳的定义、产生机理及恢复过程中的阶段性特点。

（2）熟悉运动性疲劳的发生部位、不同类型运动性疲劳特征。

（3）了解运动性疲劳的判断方法。

（4）掌握不同物质恢复特点及运动性疲劳的消除手段和措施。

2. 过程与方法目标

结合哈佛疲劳实验室的创立，引导学生学会发现问题、思考问题、解决问题的方法；结合本章相关内容，培养学生创新精神和实践能力；结合对社会、体育热点事件的解读，使学生了解运动性疲劳的种类、机理、评价方法及消除手段。

3. 情感、态度和价值观目标

培养学生追求真理和勇于创新的精神；培养学生独立思考、敢为人先的精神；培养学生的家国情怀与爱国热忱；培养学生吃苦耐劳和不言放弃的拼搏精神；培养学生坚持不懈和刻苦钻研的科研精神；培养学生不畏困难、迎难而上的拼搏精神。

二、课程思政元素分析

课程思政元素分析见表 13–1。

表 13–1　运动性疲劳——课程思政元素分析

课程知识点	课程知识点与思政元素融合案例	思政目标
疲劳	哈佛疲劳实验室不断进行科学探索的故事	培养学生追求真理和勇于创新的精神
运动性疲劳产生机理	马拉松“补给站”的故事	培养学生独立思考、敢为人先的精神
运动性疲劳的发生部位	我国第一位奥运冠军许海峰的故事	培养学生的家国情怀与爱国热忱
运动性疲劳的诊断及评价	竞赛中的“抽筋”现象	培养学生吃苦耐劳和不言放弃的拼搏精神
运动性疲劳的恢复	北京体育大学卢鼎厚教授的针刺研究故事	培养学生坚持不懈和刻苦钻研的科研精神
	“铿锵玫瑰”——中国女足的拼搏故事	培养学生不畏困难、迎难而上的拼搏精神

三、课程思政教学案例

1. 讲好哈佛疲劳实验室不断进行科学探索的故事，培养学生追求真理、勇于创新的精神

疲劳又称疲乏，顾名思义，是主观上一种疲乏无力的不适感觉。疲劳不是一类特殊的症状，大多数疾病和 / 或运动均可引起疲劳。

自从莫索 19 世纪初开始研究疲劳至今已有 200 多年的历史。运动性疲劳的研究从莫索的手指肌力描述疲劳和 20 世纪初谢切诺夫的交替性、重复性力竭肌肉工作开始。直至 1927 年，美国哈佛大学学者劳伦斯·约瑟夫·亨德森等创建了“哈佛疲劳实验室”。随后，在布鲁斯·迪尔领导下，经过 20 多年的发展，该实验室发表了 330 多篇科研论文，为运动性疲劳的后续研究奠定了基础。随着该研究的不断深入，逐渐涌现出一大批运动生理学研究学者，并提出了一些观点。例如，1980 年卡尔森认为，疲劳时肌肉不能产生所要求的或预想的收缩力。之后，爱德华兹提出，疲劳是丧失保持所需或期望的输出功率。直到1982年美国波士顿的第五届国际运动生物化学学术会议上正式将运动性疲劳定义为：“机体的生命过程不能持续其机能在一特定水平和/或各器官不能维持在某一特定的运动强度。”该定义首次将疲劳时各组织、器官的机能水平和运动能力结合起来分析疲劳发生发展的规律，提出了评定运动性疲劳要将生理生化指标和运动能力相结合的方法，并有助于选择客观指标和方法评价运动性疲劳，因而得到了许多专家和学者的认可。现如今，学者们在前人基础之上进一步丰富了运动性疲劳的定义：“运动本身引起的机体工作能力暂时降低，经适当时间的休息和调整可以恢复至正常的一种生理现象，且该现象是一个复杂的、综合的生理反应过程。”

教师通过讲好哈佛疲劳实验室多年不断进行科学探索的故事，培养学生追求真理、勇于创新的精神。

2. 讲好马拉松“补给站”的故事，培养学生独立思考、敢为人先的精神

“内环境稳定性失调学说”是运动性疲劳机理中关键机制之一。该学说认为，疲劳是由于血液中pH值下降、细胞内外离子平衡破坏及血浆渗透压改变等因素所致。哈佛大学疲劳实验室研究发现，在高温环境下工作的工人，因分泌汗液过多而产生不能劳动的严重疲劳时，如果仅给予饮水并不能缓解疲劳，若饮用0.04% ~ 0.14%NaCl溶液则可缓解或消除疲劳。此外，还有研究报告，当机体失水量达体重的5%时，肌肉工作能力将会下降20% ~ 30%。除此之外，机体离子平衡被打破，也会引起机体能力下降，继而产生运动性疲劳。多年来，运动性疲劳的产生机理一直是运动生理学的重点研究课题之一。

2020年中国田径协会发布的《2019年中国马拉松大数据分析报告》中指出，2019年全国共举办马拉松赛事1828场，较2018年增加247场，同比增长约15.62%。而2016年、2017年同期，该数据仅保持在993场和1102场。喜爱长跑的人越来越多，科学运动受到越来越多人的重视。

马拉松比赛中会设置许多“补给站”。通常，这些补给站都会提供三种补给品，分别为水、饮料及能量补给等。那么，在马拉松运动中为什么要设立补给站呢？这与马拉松长距离大强度的运动特点相关。首先，马拉松全长约为

42.195 公里，属长时间大负荷运动；其次，在运动过程中体内水分大量流失，钾离子大量外流，致使细胞内外离子平衡被打破，从而使得组织兴奋性下降，机能活动减弱；最后，钙离子作为骨骼肌收缩的关键因素，在马拉松运动中会导致其浓度过度升高或持续性升高，引起细胞代谢紊乱，结构破坏，导致内环境稳态改变——“内环境稳定性失调”，最终使机体机能下降而出现“运动性疲劳”症状。

随着生物科学的发展和技术手段的不断更新，研究人员从不同的角度对运动性疲劳进行了研究，产生了许多不同的理论和假说，如“衰竭学说”“堵塞学说”“内环境稳定性失调学说”“保护性抑制学说”“突变理论”“自由基损伤学说”，然而其机理尚未完全阐明。因此，当面对质疑和争论时，我们需要一步一个脚印、脚踏实地地去钻研，勇于批评与自我否定。

教师通过讲好马拉松“补给站”的故事，培养学生独立思考、敢为人先的精神。

3. 讲好我国第一位奥运冠军许海峰的故事，培养学生的家国情怀与爱国热忱

运动性疲劳发生部位可分为外周性疲劳和中枢性疲劳。不同类型运动过程中产生的运动性疲劳具有不同的特征。外周性疲劳主要发生在神经—肌肉接点、肌细胞膜、细胞器和肌肉收缩蛋白等部位。中枢性疲劳是指从大脑皮质至脊髓运动神经元发生的疲劳。中枢神经系统作为机体产生兴奋、发放神经冲动及调节肌肉活动的功能系统，其兴奋性降低必然会导致整个机体机能下降而出现运动性疲劳。具体表现为脑细胞工作能力下降和/或运动神经元工作能力下降。

射击作为一项以静力性、耐力性工作为主要特征的运动项目，不仅对运动员身体素质有极高的要求,同时还需运动员兼具精神高度集中及心理耐受能力。就射击运动特点而言，该项目要求运动员长期保持在某一特定姿势，会造成局部肌肉处于等长收缩状态，若长期训练，将极有可能导致局部肌肉酸痛，甚至局部疲劳、过度疲劳等，严重者会引起局部肌肉慢性损伤或中枢性疲劳等。许海峰就是一个最典型的例子。

许海峰是 1984 年洛杉矶奥运会冠军得主，是中国历史上第一个奥运冠军。许海峰从小就显示出了在射击上的天赋。1982 年，许海峰被招入省集训队，

正式成为一名专业运动员。日复一日的训练，使他的射击技术达到“炉火纯青”的地步。1983 年在第五届全运会射击比赛中，许海峰为省队夺得了两枚银牌。1984 年，许海峰进入国家射击队，担任射击队助理教练兼运动员。同年 7 月 29 日，在美国洛杉矶第 23 届奥运会射击赛场，27 岁的许海峰夺得“首金”——这是中国在奥运会上夺得的第一枚金牌，也书写了中国奥运史上“零的突破”。

谁曾知晓，这样一位中国奥运历史上的功勋人物，在奥运会前，由于超负荷训练导致精神高度紧张，从而引起中枢性疲劳。因此举枪稳定性受到影响，精神也无法持续集中。但他最终还是凭借顽强的意志力，如愿地为我国拿到了这枚宝贵的金牌。

教师通过讲好我国第一位奥运冠军许海峰的故事，培养学生的家国情怀与爱国热忱。

4. 讲好竞赛过程中的“抽筋”现象，培养学生吃苦耐劳、不言放弃的拼搏精神

“抽筋”是指高强度、大负荷、持续对抗下的体育运动中肌肉强直收缩的一种现象，常见于大强度运动，如马拉松、足球、铁人三项等项目。越来越多的研究表明，“抽筋”与运动性疲劳密切相关，因此，科研人员需熟悉并掌握运动性疲劳的判断方法。

运动性疲劳的判断方法包括：（1）测定肌力评定疲劳；（2）测定神经系统和感觉机能判断疲劳；（3）生物电评价疲劳（肌电图、脑电图、心电图）；（4）主观感觉判断疲劳；（5）测定运动中心率评价疲劳；（6）判断疲劳的其他指标（肌肉硬度、生化指标、教育学观察等）。

以中国女足中场球员张馨为例。张馨，中国国家女足运动员，她是队内比较特殊的一位妈妈级运动员。生完孩子之后的她重新回归赛场，还能入选国家队，这位妈妈级选手付出的努力常人难以想象。她曾说过，期望未来的某一天，儿子能在奥运会的赛场上看到自己身披中国国家队战袍为国效力。

自女足姑娘从国内出发开始，球迷们的心就没踏实过，为这群在新冠病毒疫情特殊时期离境出征、为国争光的姑娘担心着。中国女足经过短暂的调整和适应，2021 年 4 月 8 日，迎来了东京奥运会入围赛与韩国女足的首次交锋。

比赛进行到第 31 分钟，张馨“洞穿”了韩国队的大门，为中国队首开纪录，

重拾斗志再攀高峰；这份精神，激励了一代代体育人，不断向自身极限发起挑战；这份精神，也必将感染万千中华儿女，永远不向困难低头。

教师通过讲好“铿锵玫瑰”中国女足的拼搏故事，培养学生不畏困难、迎难而上的拼搏精神。

四、课后思考

1.“三从一大”，即“从难、从严、从实战出发、大运动量训练”，该训练原则是在20世纪60年代初提出的。随着科技的进步及训练手段的多元化，许多教练认为应“摒弃”该训练原则。请谈谈你是如何理解“三从一大”训练原则的?

2. 我们应如何理解“中国女足”精神?

3. 请你谈一谈如何认识“马拉松热”?

（执笔：吴　迎　柯志飞）

第十四章　运动过程中人体机能变化规律

本章主要介绍在运动训练或比赛过程中，身体生理机能发生相应变化的规律、特点及其生理机制等内容。

一、教学目标

1. 知识与技能目标

（1）掌握赛前状态的类型、生理变化与产生机制；准备活动的分类、生理作用与机制。

（2）熟悉进入工作状态、生理“极点”与“第二次呼吸”的产生原因和影响因素；真稳定状态、假稳定状态、“第一拐点”与“第二拐点”、最大摄氧量平台的概念。

（3）了解疲劳状态、恢复过程的规律与机体能源贮备的恢复。

2. 过程与方法目标

结合赛前状态的不同类型，培养学生科学设计训练周期的能力；结合运动过程中身体机能变化规律，培养学生科学运动的意识，设计合理的运动方案的能力；结合科技助力奥运的经典案例，培养学生求知、探索、践行的能力。

3. 情感、态度和价值观目标

培养学生积极乐观、永不言败的人生态度；培养学生毫不气馁、放眼未来的人生态度；鼓励学生以过程为导向，保持良好的赛前心理状态；培养学生以己之力、回报社会的公民意识；培养学生全力以赴、勇于担当的社会责任感。

二、课程思政元素分析

课程思政元素分析见表 14–1。

表 14–1 运动过程中人体机能变化规律——课程思政元素分析

课程知识点	课程知识点与思政元素融合案例	思政目标
赛前状态	克拉克现象	培养学生积极乐观、永不言败的人生态度
	霍尔金娜惜别奥运赛场的故事	培养学生毫不气馁、放眼未来的人生态度
	埃蒙斯错失奥运金牌的故事	鼓励学生以过程为导向，保持良好的赛前心理状态
真稳定状态	“一个人的 24 小时”跑者许秀涛公益挑战的故事	培养学生以己之力回报社会的公民意识
恢复	曹建民教授科技助力奥运的故事	培养学生全力以赴、勇于担当的社会责任感

三、课程思政教学案例

1. 讲好克拉克现象，培养学生积极乐观、永不言败的人生态度

赛前状态是指机体某些系统、器官在临近比赛或训练开始时出现的条件反射改变。良好的赛前状态可预先动员人体相应器官、系统的机能，克服内脏器官的生理惰性，为即将进行的运动训练或比赛做好准备，有利于机体快速进入高水平运动状态。不良的赛前状态，将会对比赛造成负面影响。根据赛前状态的生理反应特征可将其划分为三种类型：起赛热症、起赛冷淡、准备状态。

罗兰德·克拉克是澳大利亚著名长跑运动员，曾 18 次打破世界纪录，并在第 16 届墨尔本奥运会上点燃圣火，被美国《田径新闻》、英国《田径周刊》评为 1965 年“世界最佳田径运动员”。他在 1965 年成为第一个 10000 米跑进 28 分钟大关的人，后来该事件被国际田联评为田径界 75 年来“一百个金色时刻”之一。

克拉克曾参加 1964 年东京奥运会与 1968 年墨西哥城奥运会，但始终与冠军无缘，仅获得一枚铜牌。1964 年东京奥运会，克拉克在接近终点时被美国选手比尔·米利斯反超，错失金牌；4 年后，1968 年墨西哥城奥运会，因赛场位于海拔 2259 米的高原地区，克拉克发生严重的高原反应，在 10000 米比赛

中突然倒地，险些丧命，造成心脏永久性损伤。

后来，人们将高水平运动员在重大比赛中无法发挥正常运动水平，导致比赛失常的现象称为“克拉克现象”，并认为与赛前状态有较大联系。虽然克拉克没能如愿获得奥运金牌，但退役后，克拉克获得了很大的成功，克拉克成了一名出色的职业会计师，出版了 12 本著作，还把阿迪达斯、耐克等知名运动品牌推广到澳大利亚，并拥有一家连锁健身中心，将自己的生意经营得有声有色。后来，克拉克还投身政界并获得成功。2004 年，他参加澳大利亚昆士兰州黄金海岸市长的竞选，以“黑马”的姿态击败了谋求连任的前任。在黄金海岸市长这个位置上，克拉克一干就是 10 年。与普通的政客不同，他重视民生问题，致力于改善当地居民的生活质量，获得了选民的支持。

我愿意探索自己的极限，而不是担心被击败。

——罗兰德·克拉克

教师通过讲好长跑运动员克拉克的故事，培养学生积极乐观、永不言败的人生态度。

2. 讲好霍尔金娜惜别奥运赛场的故事，培养学生毫不气馁、放眼未来的人生态度

不良的赛前状态会影响运动成绩。斯维特拉娜·霍尔金娜是女子体操史上最成功的运动员之一，但却因赛前状态不佳与自己的梦想失之交臂。

霍尔金娜作为俄罗斯顶尖体操运动员，曾在各类国际体操项目中获得 57 枚金牌，在高低杠、跳马、平衡木、自由体操中均有独创动作，是独创动作最多的女子体操选手。在役期间，霍尔金娜的目标是获得奥运会女子全能冠军，但直到退役都没能实现这个梦想。2000 年悉尼奥运会，在女子全能决赛中，由于工作人员的失误，跳马的高度比标准低了 5 厘米，霍尔金娜在跳马时出现失误，与金牌失之交臂。霍尔金娜并没有就此放弃，她继续训练，努力备战下一届奥运会，但在 4 年后的雅典，因赛前状态不佳，霍尔金娜从她从未失手过的高低杠上摔了下来，最终获得个人全能银牌。

虽然霍尔金娜没能在奥运赛场上实现自己的目标，但她在退役之后进入政界，成为统一俄罗斯党的骨干和普京政策的拥护者。2007 年当选俄联邦杜马议员，2008 年当选俄罗斯第五届联邦杜马青年事务委员会副主席。

教师通过讲好霍尔金娜惜别奥运赛场的故事，培养学生毫不气馁、放眼未来的人生态度。

3. 讲好埃蒙斯错失奥运金牌的故事，鼓励学生以过程为导向，保持良好的赛前状态

良好的赛前状态是运动表现正常、稳定发挥的关键。美国射击名将马修·埃蒙斯出道时被看作“射击神童”，之后的运动成绩也非常出色，但却两次与奥运金牌擦肩而过，被称为“悲情枪手”。

2004年雅典奥运会，23岁的埃蒙斯在男子步枪三姿决赛中领先对手3环，只要没有大的意外，奥运金牌非他莫属。但让人惊讶的是，最后一枪他却把子弹打到了别人的靶子上，以这样戏剧性的方式结束了比赛。2008年北京奥运会，在男子50米步枪三姿决赛中，埃蒙斯9枪打完领先第二名将近4环，只要再打出6.7环就能夺冠，但他最后一枪只打出4.4环，又将金牌拱手相让。2012年伦敦奥运会，埃蒙斯卷土重来，9枪结束他依旧全场领先，此时所有人都屏住呼吸，期待最后一枪打出好成绩，但让人失望的是，他再次发挥失常，错失金牌。

教师通过讲述埃蒙斯错失奥运金牌的故事，鼓励学生以过程为导向，保持良好的赛前状态。

4. 讲好“一个人的24小时”跑者许秀涛的故事，培养学生以己之力回报社会的公民意识

真稳定状态是指人体在进行亚极限强度以下且持续时间较长的运动时，机体的摄氧量能够满足需氧量的要求，各项生理、生化指标保持相对稳定的状态。优秀耐力运动员以47%最大摄氧量的强度运动可维持24小时。

在我国，有一位被称为“中国阿甘”的跑者，曾多次进行“一个人的24小时”跑步公益挑战活动，他的影像曾登上美国纽约时代广场的大屏幕，他就是“中国残疾人大众体育发起人”——许秀涛。许秀涛毕业于北京体育大学，是我国最年轻的超级耐力赛实力选手，曾是国家马拉松集训队运动员，获得过超级耐力赛冠军、金牌荣誉教练等。2016年8月21日，许秀涛完成了“一个人的五环”，环绕北京五环路跑到故宫，共耗时32小时10分钟。他在这一过程中积极传播健康的体育理念，让更多的人了解奥林匹克精神，感受体育的魅力。

许秀涛还积极投身公益事业，通过奔跑传播坚持不懈的精神。2016年年底，他发起跑步回家乡挑战，从北京跑往济南，为他的家乡大佛小学图书馆募集图书。2017年，他发起10城24小时连续奔跑挑战，与赞助商和跑友一起为福建贫困学校募建了一个田径场，还为哈尔滨残联募捐了100万元为失明患者做康复。

最初，许秀涛发起的助残体育公益只有200名志愿者，而目前已经进行超过65场活动，完成助残马拉松人数500余人，参与活动7000余人次，他还计划在北京各区建立阿甘体育助残训练营，举办体育助残赛事，引导残疾人参与体育运动。他表示："希望更多的公益人士和爱心企业加入进来，积极引导残障人士参与社会活动，促进残健共融，推动世界残疾人大众体育运动的蓬勃发展，继续努力传播坚持不懈的精神！"

教师通过讲好许秀涛"一个人的24小时"公益挑战的故事，培养学生以己之力、回报社会的公民意识。

5. 讲好曹建民教授科技助力奥运的故事，培养学生全力以赴、勇于担当的社会责任感

竞技体育中常说"没有恢复的训练是危险的训练"，只有搭配科学的恢复手段，机体才能在"疲劳—恢复—再疲劳—再恢复"的循环中逐步发展。科学、合理的营养调理是消除机体疲劳、促进尽快恢复的重要手段，对提高运动表现具有重要作用。北京体育大学曹建民教授是国内著名的运动营养领域专家。从20世纪90年代开始，他在多支国家队（男子足球、女子足球、女子手球、女子排球、铁人三项、现代五项、山地自行车、游泳、举重、女子摔跤、田径、赛艇、皮划艇等）进行科技攻关，为国家队备战各种赛事提供了强有力的后勤保障。

2021年4月13日，在女子足球东京奥运会附加赛的比赛中，中国女足以2 ： 2战平韩国，以两回合总比分4 ： 3淘汰韩国队进军奥运会。从0 ： 2落后到加时赛绝杀韩国，中国女足进军奥运之路一波三折，但队员们始终充满信心。赛后王霜提到"最后就算冲也能冲垮你"，这样的自信源于体能的保障，而与之密不可分的，是日常营养的摄入。曹建民教授作为跟队营养师，负责女足队员们日常膳食方案设计和运动营养补剂的补充，对比赛取得胜利起到了关

二、课程思政元素分析

课程思政元素分析见表 15–1。

表 15–1 特殊环境与运动——课程思政元素分析

课程知识点	课程知识点与思政元素融合案例	思政目标
高原环境的特点	在高原环境下战士爱国戍边的故事	培养学生爱国主义精神
高原反应的表现与发生原理	高原反应的表现和高原反应辨析	培养学生独立思考的精神及理性辨别是非的能力
高原与运动表现	高原竞赛准备故事	培养学生致知笃行、学以致用的精神
低氧与脑部副作用	珠峰登顶过程中开展低氧与脑部副作用研究的故事	培养学生无私奉献和大无畏的精神
高原红细胞增多症及其发现	蒙赫病（Monge 病）发现的故事	鼓励学生养成关注细节，善于发现的品质
慢性高原病青海标准	中国工程院院士吴天一的故事	培养学生敬畏科学、扎实钻研、攻坚克难的科学研究精神
中暑预防及处理	热环境运动与中暑处理知识	培养学生救死扶伤的使命感和责任感
低温症和低温运动风险	登山队员低温攀登的故事	培养学生在不怕苦累、勇攀高峰的品质
空间微重力环境的特点	航天员不怕吃苦、坚持训练的故事	点燃学生民族自豪感
失重性肌萎缩	体育人在航天领域作贡献的故事	培养体育人的责任感、使命感
水环境冬泳运动	冬泳运动对人体机能的影响	鼓励学生积极践行“健康中国”

三、课程思政教学案例

1. 讲述在高原环境下战士爱国戍边的故事，培养学生的爱国主义精神

我们一般把海拔高度超过 1000 米，地形开阔，周围以明显陡坡为界的相对完整的大面积隆起地区叫作高原。高原自然环境对人体有多方面的影响，其中影响最大的是大气压降低引起的低氧环境。

神仙湾哨卡，是位于喀喇昆仑山脉中段的一处哨卡。海拔高度为 5380 米，年平均气温低于零度，昼夜温差最高达 30 摄氏度以上，冬季长达 6 个多月。

一年里，风速超过 17 米 / 秒的大风天占了一半；空气中的氧含量不足平原的 45%，而紫外线强度却高出平原的 50%。这里是不折不扣的“高原上的高原”，被称为“生命禁区”。

这里常年冰封雪裹，驻守在这里的边防官兵扎根高原，建功边防，用青春和生命铸就了“喀喇昆仑精神”。喀喇昆仑精神，是边防官兵战胜恶劣自然环境，忠于祖国人民，自强不息，坚强奋斗，保卫边疆的新时代精神的高度提炼，概括为“忠于祖国、热爱边防，励精图治、艰苦创业，扎根高原、建功边疆，顽强拼搏、牺牲奉献”的精神。喀喇昆仑精神体现了广大边防官兵视祖国利益高于一切的博大情怀和压倒一切敌人、压倒一切困难的坚强意志。

祁发宝，甘肃武威人，2000 年 6 月祁发宝以优异成绩考取乌鲁木齐陆军学院。毕业时，他主动选择来到西藏阿里地区戍边，来到条件“没有最苦，只有更苦的地方”，这里空气含氧量不足内地一半，方圆几十里营区不见人烟，土壤贫瘠，寸草不生。

祁发宝当时执勤的前哨执勤点靠近中印边界线，海拔超过 5500 米，在极度严寒和缺氧的条件，生活物资短缺，只能靠直升机运送。一般来到这里的人们，会因为高原低压、低氧、低温环境而产生极度不适；但是来到这里戍边的年轻官兵们，没有人抱怨苦和累。正是被这样的精神所感动，祁发宝决定扎根在这里。年复一年，日复一日，祁发宝用自己的脚步丈量雪山疆域，守护祖国大好河山。

2020 年 6 月，外军公然违背双方共识，悍然越线挑衅。我方某边防团团长祁发宝本着谈判解决问题的诚意，仅带几名官兵淌过齐腰深的河水前去交涉，却遭到对方的暴力攻击。他们与数倍于己的外军展开殊死搏斗。祁发宝张开双臂挡在外军面前，大声呵斥：“你们破坏共识，要承担一切后果！”与此同时，迅速组织我方官兵占据有利地形。祁发宝成了对方重点攻击的目标，他身先士卒，头部遭重创。营长陈红军当即带着官兵，冲进“石头雨”“棍棒阵”营救团长。听到有人喊“营长、连长被围攻了”，陈祥榕同志迎着对手冲去，用身体和被砸坏的盾牌护住营长和连长。发现还有战友被围攻，肖思远同志再次冲向前去，拼死营救战友，用身体为战友遮挡石块、棍棒的攻击。团长顶在最前面阻挡外军，营长救团长、战士救营长、班长救战士，这是英雄的集体，是战斗的集体。

我们缺氧不缺精神，海拔高斗志更高，只要我们在，祖国的边关就无人可以撼动。

——祁发宝

教师讲到高原环境时，引入在高原戍边守疆的军人故事，培养学生的家国情怀与爱国主义精神。

2. 讲好高原反应的表现和高原反应辨析，培养学生独立思考和理性辨别是非的能力

初到高原的一段时期，海拔升高引起的气压降低、缺氧、空气干燥会导致人体在数小时至数天内出现一系列临床综合征，包括头痛、恶心、食欲减退、疲倦、眼花及睡眠障碍，将其称为急性高原病（Acute Mountain Sickness，AMS），严重者甚至出现高原肺水肿和高原脑水肿。

高原反应较为普遍的表现有：胸闷、气短、干咳、头痛、头昏、乏力、厌食、恶心、呕吐、嗜睡、失眠、低烧等；大多数人会因缺氧导致嘴唇和指甲发紫；有的人还会因空气干燥导致皮肤粗糙、嘴唇干裂、鼻孔出血等；严重者会出现感觉迟钝、情绪不宁、精神亢奋、思考力和记忆力减退、感觉（听、视、嗅、味）异常、产生幻觉等现象，也可能导致浮肿、休克或痉挛等现象发生。

虚弱的人不易出现高原反应，你认可这种说法吗？一些人持有一种观点“身体越虚弱的人越不容易出现高原反应，反而是体力强壮者更容易出现高原反应”，也有一些人认为只要身体足够强壮就不会出现高原反应。这两种说法都是不够准确的，虚弱、强壮与高原反应没有什么必然联系。但是的确有研究结果显示，体内肌肉和脂肪含量更高、氧耗量更大的人可能更容易出现高原反应。一般来说，低龄、体力消耗大、肥胖等人群患急性高原病的可能性更大。

为了避免高原反应引起身体严重不适，以下三类人应慎入高原：心、肝、肺、肾、脑等器官有病变的人，高血压、严重贫血者、孕妇及哺乳期的妇女。因为这类人群自身对高原环境的适应能力差，突发急性高原病的可能性很大，并且这种高原病还会加重自身心、肝、肾、肺等重要器官的负担，使病情加重。

教师通过纠正学生的常识误区，培养学生独立思考及理性辨别是非的能力。

3. 分析高原竞赛准备故事，培养学生致知笃行、学以致用的精神

我国也有许多优秀的高原训练教练和研究人员。闵筠先生是青海省体育科学研究所研究员，进行“高原训练研究”已有四十余年，享有“高原专家”的美誉。在服务众多运动队并进行研究之后，闵筠先生认为，我国高原训练的成功案例都非常有特色且具有科学性。朱志根是一位优秀的高原训练教练，从事高原训练已经有十余年，曾经带领游泳队参加 2012 年伦敦奥运会游泳比赛，获得 5 金 2 银 3 铜的好成绩。中长距离游泳项目运动员孙杨、陈桦、吴鹏等，都是朱志根的队员，这些队员都曾在高原训练中获益。

除了进行比赛前的高原适应训练外，另一种可以选择的高原比赛方案是到达高原比赛地后尽快参加比赛，24 小时之内完成比赛，这样做的道理是缩短运动员在比赛前的高原暴露时间，在高原反应的典型症状尚未出现时完成比赛。

2006 年，匹兹堡港人队战胜印第安纳波利斯队之后，准备参加在丹佛举行的橄榄球联盟超级杯，迎战主场队伍丹佛野马队。丹佛是美国科罗拉多州的一个城市，海拔约 1600 米，面对高原比赛，球队当时有两种选择，一是提前一周到达丹佛以适应高原环境，二是等到最后一分钟再上丹佛。向运动生理学家和医疗专家咨询后，球队做出后一种选择，最后以 34 ∶ 17 战胜丹佛野马队赢得冠军。

运动员成功的背后，离不开以运动生理学、运动生物化学等理论作支撑的科学的运动训练。学好运动生理学的基础知识，才能为科学训练提供准确建议。

教师通过讲好运动生理学家为竞技体育运动提供高质量的竞赛、训练建议的故事，培养学生致知笃行，学以致用的精神，在学习运动生理学知识之余，了解自己能够成为“什么样的人”。

4. 讲好珠峰登顶过程中开展低氧与脑部副作用研究的故事，培养学生无私奉献和大无畏的精神

英国探险家乔治·马洛里在接受《纽约时报》的采访时被问及为什么要攀登珠穆朗玛峰时，他回答说：“因为山在那里。”

20 世纪 50 年代，英国和瑞士登山队已经在尼泊尔境内南坡登顶珠峰，但是始终无人从中国境内的北坡登顶珠峰。甚至有人得出结论：想从北坡攀登这座连飞鸟也无法飞过的山峰，几乎是不可能的。

中国登山队员王富洲、刘连满、屈银华和贡布等，于1960年5月25日凌晨4点20分，艰难地将五星红旗插上珠穆朗玛峰，完成了人类历史上第一次从北坡登顶的壮举。

登山队伍中有一个人叫翁庆章，他是我国第一支登山队的运动员兼医生。为准备登顶珠峰，翁庆章给每一名队员做身体检查，在确定他们的身体各项指标稳定且符合攀登珠峰的条件后才能够出发。1960年，在登顶珠峰过程中，翁庆章、吴永生、陈式文、王义勤等对中国登山队员从平原登高至5100米再至7000米的血压、脉搏、呼吸频率、体温、四肢皮肤温度、心脏听诊做了监测；在5100米大本营检测了血象；在登山前后还做了心电图、脑电图和心肺X线检查。

翁庆章在对运动员身体进行检查时发现，许多登山运动员下山后记忆力会变差。1977年，翁庆章对29名在3900米以上逗留时间为四周的队员登山前后的脑电图进行了比较，脑电图测试结果显示，18例出现脑电图指标变差。主诉与登山前后脑电图的结果符合率达到79.3%，记忆力差而脑电图亦变差者占75%。因此翁庆章认为高原低氧会导致一定程度的脑损伤，脑电图可以作为评价低氧后遗影响的指征。

近年来，生理学家开展了多项研究，发现通过药物、物理治疗、运动干预等方法，能够使脑损伤得到积极恢复。

> 教师通过讲好医生、运动生理学研究者在高山登顶的恶劣环境中为登山队员做好身体机能检查的故事，培养学生无私奉献和大无畏的精神，立志成为“有理想、有道德、有文化、有纪律”的四有青年，为我国的体育事业发展和体育强国建设多作贡献。

5. 讲好蒙赫病（Monge）发现的故事，培养学生关注细节、善于发现的品质

高原氧分压下降，会刺激体内红细胞总数增加，从而患上高原红细胞增多症，即一种常见慢性高原疾病，简称“高红症”。它是海拔2500米以上地区的高原世居和长期移居人群对高原低氧环境逐渐失去习服所导致的临床综合征，主要表现为红细胞代偿性过度增多，这是由高原缺氧引起促红细胞生成素（EPO）的释放，促进红细胞生成引起的。20世纪初研究人员观察到，当人类进入高海拔低氧环境时，红细胞数量（RBC）和血红蛋白（Hb）含量显著增加。1928年，蒙赫首次报道了高原地区红细胞过度增生的特殊病例，并把这种疾病命名为“安第斯山病”。后来，人们为了纪念蒙赫对高原医学所作出的突出贡献，将该病改称为蒙赫病（Monge病）。1942年，将其正式命名为慢性高原病，主要表现为红细胞过量增多及严重的可逆性组织缺氧，是高原常见病，也就是高原红细胞增多症。

教师讲好蒙赫通过高原地区红细胞过度增生的特殊病例发现慢性高原病的故事，培养学生关注细节、善于发现、敢为人先的创新品质。

6. 讲好中国工程院院士吴天一的故事，培养学生敬畏科学、扎实钻研、攻坚克难的科学研究精神

我国科学家一直在青藏高原进行高原低氧方面的研究。中国工程院院士吴天一从中国医科大学毕业后，为了响应党的号召来到青海，几十年如一日地在青海和青藏高原地区进行数据搜集、监测、临床诊断、研究等工作。他曾经历时7年，对10万人进行了急、慢性高原病大调查，对生活在海拔4000米以上的果洛、玉树、唐古拉等地的藏族和汉族人群的生理特征和各种急慢性高原病进行调研，获得了第一手资料。长期在高原低氧环境开展科研工作，也让吴天一的身体饱受摧残。

值得骄傲的是，吴天一院士带领的团队，经过长期的艰苦努力，系统搜集、整理了2300米、3719米、4660米、5000米和5620米等不同海拔高度地区人群的生理指标数据。从此，中国在高原疾病防治领域终于有了国际话语权。吴天一院士在国内率先提出青藏高原最常见的慢性高原病类型——“高原红细胞增多症”，让国内人群尤其是在青藏高原地区生活和工作的人对高原病有了具体的认识，也使我国高原医学迈上新的台阶。为此，在第四次国际高原医学会上吴天一院士被授予“高原医学特殊贡献奖”。

2004年，第六届国际高原医学会在西宁举办，会议提出建立慢性高原病的国际统一诊断标准。吴天一院士带领中国科研团队历时7年在青藏高原开展研究，以大量病理、生理研究为依据，以大量健康人群的生理指标测试结果为基础，以大量慢性高原病病人的临床反复验证为证据，提出了慢性高原病量化诊断系统。该系统得到专家的认可。最终，由吴天一院士带领的团队提出的慢性高原病量化诊断系统被国际高原医学会接纳为世界标准，命名为“慢性高原病青海诊断标准”。从那一刻起，一个以“青海标准”命名的医学界的国际标准诞生了。

前后7年，两年开一次会，我的每次发言都很强硬，我的腰板挺得很直，因为我的背后是中国、是世界屋脊青藏高原、是研究高原适应的最佳群体——藏族，世界上没有其他地区和人群可以与之相比，这就是我在学术上的骄傲。

——吴天一

教师通过讲好我国工程院院士吴天一不畏艰难、刻苦钻研、孜孜以求地进行高原科学研究的故事，培养学生敬畏科学、坚持真理、高度专注的科学家精神。

7. 讲好热环境运动与中暑处理知识，培养学生救死扶伤的使命感和责任感

中暑是指在高温或者高湿无风的环境下，由于机体体温调节中枢障碍、汗腺功能衰竭和水、电解质丢失过多引起的中枢神经或以心血管功能障碍为主的急性疾病。

中暑程度较轻时表现为头晕、头痛、多汗、口渴、注意力不集中、动作不协调、四肢乏力、体温正常或偏高等；或伴有皮肤灼热、面色潮红，有的还可能出现面色苍白、血压下降、四肢湿冷、脉搏增快等。轻度中暑如果不予重视可能转为重度中暑，重度中暑包括热痉挛、热衰竭和热射病。其中，热射病是致命急症。

在夏季举办体育竞技赛事需要谨防运动员中暑。2020年6月，一名乌克兰马拉松选手卡捷琳娜·卡蒂乌什切娃因比赛期间中暑未能得到及时救治在医院去世。卡蒂乌什切娃是乌克兰24小时长跑国家队队员，绰号“铁娘子”，在2019年，她赢得了摩尔多瓦和基辅的两次超级马拉松比赛冠军。给她带来不幸的比赛是环库亚利尼克湖极限马拉松，比赛场地靠近黑海，气温高达38℃，加之赛道丛林、沼泽、陡崖接连不断，险象环生，比赛被称为“地狱级难度”竞赛。这名马拉松选手在竞赛半途中失踪，经过10余小时的搜救终于找到她时，由于长时间中暑脱水，未能抢救成功。

一旦发生中暑，必须要及时地做出恰当处理。扎实掌握中暑相关急救知识，考取红十字会等组织颁发的急救证书十分必要。

中暑处理：一旦发现有人出现中暑迹象，应当立即将患者脱离高温环境，转移到通风阴凉处或有空调的房间休息，口服凉盐水、清凉含盐饮料等，即可恢复。如有低血压或休克循环衰竭倾向，酌情补给生理盐水、葡萄糖溶液和氯化钾。体温升高可以物理降温。

运动前的中暑预防：在高温与热辐射的长期反复作用下，人体在一定范围内逐渐产生对这种特殊环境的适应，称为热习服。在初夏进行高强度训练之前，应进行热习服训练，环境温度应该由低到高，避开极端高热天气；训练强度逐步增加，不应超出生理耐受；重视训练监测，对训练中的易感人群或表现异常人员（面色苍白或潮红，自觉身体不适等），测试核心温度，如发现核心温度超过 39℃应停训降温，体温恢复后可以继续训练。

运动时的中暑预防：

（1）小于 1 小时的运动，在运动前的 15 分钟内补充含 6% ~ 10% 的糖饮料，运动中补充的液体大约相当于 1/2 排汗量的水分（水温在 5℃ ~ 15.5℃）。

（2）1 ~ 3 小时的运动，建议运动前饮水 300 ~ 500 毫升，运动中补充 800 ~ 1600 毫升含 6% ~ 8% 的糖和含 12 ~ 20 毫克当量钠盐的饮料。

（3）大于 3 小时的运动，运动前饮水 300 ~ 500 毫升，运动中每小时补充含 6% ~ 8% 的糖和含 20 ~ 30 毫克当量钠盐的饮料 500 ~ 1000 毫升。

（4）恢复期中，应摄取含糖 5% ~ 10% 和含钠盐 30 ~ 40 毫克当量的饮料以获得复合水。

为了保障包括东京夏季奥运会在内的高热环境比赛的顺利进行，英国科学家研制出了一种特殊的“药丸”。在比赛前几小时服用这种药丸，在比赛期间药丸中的电子芯片就能够被激活，追踪高温比赛时选手或现场参会人员的体温情况，保障选手及现场其他人员的生命安全。这种电子药丸及包装的胶囊重 1.7 克，在服用后 12 ~ 48 小时会从身体内排出，不会对胃肠道及其他组织器官造成损伤。

教师通过分享高热环境比赛时的意外案例，以及中暑的急救与预防知识，适时提出学生在学有余力的情况下考取相应急救证书，培养学生保护自己的安全意识，获得关键时刻救死扶伤、帮助他人的能力；

将现代科技与体育实际需要紧密结合，开展科学研究，实现新时代青年的责任与担当。

8. 通过讲好登山队员低温攀登的故事，培养学生不怕苦累、勇攀高峰的品质

低温症是指机体的深部温度低于35℃。低体温通常出现在冬季严寒地区，有明显的地域性和季节性分布。随着冬季户外运动的发展，低温症的发病比例呈上升趋势。低温症最主要的发病原因是寒冷环境、年龄、健康状况、营养状况、药物及酒精等。临床表现包括皮肤苍白、冰冷，口唇或者耳垂呈现紫色，心跳呼吸减慢，血压降低，尿量减少，严重的情况下会使中枢神经系统功能受损而出现意识障碍，甚至出现昏迷。一旦出现低体温，除了注意做好病人保暖以外，还应将病人及时送到医院就诊。

前面的章节中讲到了高原环境与运动，侧重讲到高原低氧对机体产生的生理应激与适应。但是，高原除了能够引起低气压、低氧分压以外，还会由于海拔的升高引起温度的降低。海拔平均每升高150米，温度会降低1℃。因此，攀登珠峰要面对的另外一个问题就是寒冷低温。

2019年上映的电影《攀登者》，重现了1960年中国登山队冲刺珠峰，北坡登顶的奋斗故事。在筹备电影《攀登者》时，作家阿来拜访了当年攀登珠峰的先驱，感触很深。跟刘连满握手，感觉手有点空，他少了几根手指头；病床上的王富洲，伸出手也只剩了两根手指；屈银华，似乎是精神最矍铄的，但当他脱掉鞋时，脚趾少了一半。接受采访的许多人，在攀登珠峰过程中其身体上都留下了不可磨灭的印记。

教师通过讲好攀登者们不畏牺牲、勇攀高峰的故事，鼓励学生在工作、学习和学术研究中，也应不怕苦累、勇攀高峰。

9. 讲好航天员不怕吃苦、坚持训练的故事，点燃学生民族自豪感

1970年4月24日，中国第一颗人造卫星东方红一号发射成功，拉开了中国人探索宇宙奥秘、和平利用太空、造福人类的序幕。为了纪念中国航天事业成就，发扬中国航天精神，2016年3月8日，国务院将4月24日定为“中国航天日”。

宇航员的英文单词原本为Astronaut，但是因为中国人走上太空，所以有了一个新的词语Taikonaut，特指“中国航天员”或“中国太空人”。

为了让航天员适应飞船上升和下降过程中的巨大过载，并保持清醒意识进行正确操作，需要对航天员进行航天超重耐力训练。中国航天员要经受8G过载训练，这相当于有8个自身的重量压在自己身上。训练时，受训人员腹部会被压扁，脸也会变形。自1998年中国人民解放军航天员大队成立以来，大家都在进行如此艰苦的训练。

我国在特别艰苦的条件下培育了航天员和航天工作者“特别能吃苦、特别能战斗、特别能攻关、特别能奉献”的载人航天精神，才使我国的航天事业取得了巨大成就。

教师通过引入我国航天纪念日的信息，回忆航天故事，重温载人航天精神，树立民族自豪感和激发家国情怀，燃起青年人艰苦奋斗的精神。

10. 讲好体育人在航天领域作贡献的故事，培养体育人的责任感、使命感

微重力环境对于人体来说是一种挑战，目前人类根本无法考虑飞出太阳系。一方面，宇宙射线、空间的补给、能源等问题尚未得到解决；另一方面，宇航员自身对于失重环境的适应能力也是需要考虑的问题。

美国麻省理工学院的研究团队，通过对比17位宇航员在空间站工作前后的身体状况发现，凡是在空间站平均停留时间为半年的宇航员，都会出现背部肌肉萎缩，不同肌肉萎缩比例为4.6% ~ 8.8%。更长时间的飞行则会引起更严重的肌肉萎缩。同时由于没有重力负荷，还会对宇航员的骨骼产生影响，主要表现为骨骼退化和骨钙流失。心血管系统、内分泌系统、免疫系统也都承受失重负荷。研究发现，运动可能是宇航员保持良好健康状态，适应太空环境的最有效措施之一。

作为国家载人航天工程主要参加单位之一，中国航天员科研训练中心承担了航天员选拔训练、医学监督和医学保障、飞船环境控制与生命保障系统研制、航天服与航天食品研制、大型地面模拟试验和训练设备研制等多项重要任务，为中国载人航天的圆满成功作出了突出贡献。该中心是航天英雄成长的摇篮，研制了以“飞天”舱外太空服为代表的高质量航天飞行产品，圆满完成6次载人飞行任务。航天员杨利伟、费俊龙先后担任中心副主任。北京体育大学运动人体科学学院的学生也有机会进入中国航天员科研训练中心参与航空航天中的过载、失重、肌肉萎缩相关研究。同时，北京体育大学体育工程学院也与中国航天科工集团等企业开展了密切的合作。

教师通过分享体育工作者在航天领域的工作内容，培养学生树立体育人的责任感、使命感，在体育和其他各行各业的建设中发光发热。

11. 讲清冬泳对人体机能的影响，鼓励学生积极践行“健康中国”

冬泳是在立冬到春分这段时间，在0℃左右的气温和14℃以下的水温环境下开展的室外游泳活动。冬泳通过冷刺激促进神经系统、免疫系统、心血管系统、呼吸系统机能产生健身效应。这项运动被称为勇敢者的运动，它是生命对惰性的开战，是人的活力与严寒的抗争。因其有明显健身、祛病的功效，受到锻炼者的欢迎。

在进行冬泳训练时，应结合自身情况，科学练习，量力而行，防止因体温长期低于35℃以下，使人出现意识不清、判断能力减弱、行动迟缓，甚至休克昏迷等低温症的现象，这样不但达不到健身的目的，而且会损害身体健康。

享有“中华第一老铁人”称号的庄炎林先生，是北京市冬泳俱乐部名誉主席，作为冬泳代表性人物，庄炎林先生坚持冬泳半个多世纪，年近百岁时仍坚持冬泳，其身体健康，精神矍铄，是老年人践行“健康中国”理念和“全民健身战略”的表率和标杆。

截至2021年，我国老年人数量已经超过2.64亿，国家“健康中国”战略对于人口老龄化问题十分重视。近年来国务院政府工作报告有许多篇幅讲到主动、积极地应对老龄化的问题。学校通过宣传优秀模范带头人物事迹，鼓励学生向家中老人传达健康观念，鼓励老年人主动加入“健康中国”的行动中。

教师通过分享老年健身先进事迹，鼓励更多人加入“健康中国”行动中。

四、课后思考

1. 请结合高原环境下士兵们戍边事迹谈谈你的感想？
2. 请论述运动生理学原理在高原训练领域的应用？
3. 我们应如何看待吴天一院士几十年坚持从事高原研究？
4. 如果夏季有同学在训练中出现中暑，我们应当做何种处理？
5. 请就航天训练中表现出来的“载人航天精神”谈谈你的认识。

（执笔：周　越　肖　红）

第十六章　女性的生理特点与体育运动

本章根据女性生理阶段的划分，介绍女性生理特点与运动能力表现及月经周期、妊娠期进行体育锻炼应注意的问题。

一、教学目标

1. 知识与技能目标

（1）熟悉女性生理阶段划分、女性生理和运动能力特点。

（2）掌握月经周期及其调节、月经周期中运动能力的变化、妊娠期运动能力。

（3）了解运动性月经失调。

2. 过程与方法目标

通过系统学习女性生理特点与运动能力的相关知识，让学生了解学科知识形成过程并培养学生知识迁移和辩证思考的能力；结合痛经的注意事项和护理方法，培养学生发现问题、思考问题和解决问题的能力。

3. 情感、态度和价值观目标

培养学生的平等观念；培养学牛维护公平竞争的体育道德，维护国家形象和荣誉的意识；培养学生加强健康文化研究，持续推进运动促进健康的理念；培养学生祖国至上、团结协作、顽强拼搏、永不言弃的精神。

二、课程思政元素分析

课程思政元素分析见表 16-1。

表 16-1　女性的生理特点与体育运动——课程思政元素分析

<table>
<tr><th>课程知识点</th><th>课程知识点与思政元素融合案例</th><th>思政目标</th></tr>
<tr><td rowspan="3">女性运动能力特点</td><td>希腊女子长跑运动员梅尔波门尼的故事</td><td rowspan="3">培养学生的平等观念</td></tr>
<tr><td>女子网球选手朗格伦的故事</td></tr>
<tr><td>凯萨琳·维吉尼亚的故事</td></tr>
<tr><td rowspan="2">女性生理特点</td><td>印度尼西亚女排选手阿普里利亚·曼加南格的故事</td><td rowspan="2">培养学生维护公平竞争的体育道德、维护国家形象和荣誉的意识</td></tr>
<tr><td>民主德国体育俱乐部铅球运动员海蒂·格里克的故事</td></tr>
<tr><td rowspan="3">月经周期中运动能力的变化</td><td>2016 年里约奥运会 4×100 米游泳接力赛中傅园慧的表现</td><td rowspan="3">培养学生加强健康文化研究，持续推进运动促进健康的理念</td></tr>
<tr><td>2017 年德国杜塞尔多夫世乒赛中刘诗雯的表现</td></tr>
<tr><td>2019 年韩国光州世界游泳锦标赛女子 50 米自由泳半决赛中刘湘的表现</td></tr>
<tr><td>女性运动表现</td><td>中国女排的故事</td><td>培养学生祖国至上、团结协作、顽强拼搏、永不言弃的精神</td></tr>
</table>

三、课程思政教学案例

1. 反思历史，培养学生的平等观念

女性由于骨骼抗压能力较男性弱，肌肉力量不足，呼吸、循环机能水平低，血液的携氧能力差等生理特点及孕育生命的解剖结构，曾被看作弱者并一直被拒之体育大门之外。面对不公与歧视，一批又一批女性用自己的行动来抗争社会因性别带来的体育参与的不平等。从 1896 年第一届现代奥运会上没有一名女性被允许参加比赛，到 1981 年国际奥委会开始接纳女性委员，这期间无数伟大女性，冲破世俗的偏见，追求平等。1896 年，希腊女子长跑运动员梅尔波门尼在参赛申请被拒绝后，独自一人默默地跑完了整场马拉松比赛。虽然当

时没有得到举办方的认可，但这种奥林匹克精神却永远书写在奥林匹克历史上，也打破了女性不能长时间剧烈运动的谬论。直到 1912 年斯德哥尔摩奥运会，国际奥委会正式设立了女子游泳和跳水项目，打破了女性参赛限制。1919 年，当苏珊·朗格伦首次出现在温布尔登网球比赛场上时，她的着装给世人带来巨大的冲击。当其他女子网球选手还穿着当时规定的覆盖到脚踝的长裙参赛时，站在球场另一端的朗格伦却穿着长度仅到小腿的百褶裙。她以一己之力打开了网球运动对女性开放的大门，实现了“每次比赛我都全神贯注，击球瞬间我要将高贵掷向风中”。

自 1924 年国际奥委会正式允许女性运动员参赛以后，参加奥运会的女运动员人数大幅度增加，1972 年慕尼黑奥运会女性运动员参赛人数首次突破 1000 人。当其他项目的女运动员开始走上奥运会的赛场时，马拉松对女性参赛依然持保守态度，当凯瑟琳·斯威策出现在 1967 年波士顿马拉松的跑者队伍中时，令世界瞩目。当时，赛事组委会的工作人员试图将佩戴着 261 号码布的凯瑟琳赶出赛场，但凯瑟琳最终以 4 小时 20 分完成比赛，成为女性完成波士顿马拉松比赛的第一人。1984 年女子马拉松成为奥运会正式比赛项目。随后奥运会中女子项目开设的数量逐步增加，举重、摔跤、足球等项目中的女性身影越来越多。2009 年，国际奥委会在柏林召开执委会，正式确认女子拳击成为 2012 年伦敦奥运会正式比赛项目，这意味着奥运现有项目中实现了性别平等。

教师通过讲好女性运动员打破性别歧视，开辟女性体育新世界的事例，让学生了解女性运动员在性别歧视上所遇到的不公平和所做的不懈努力，培养学生的平等观念。

2. 正视女性与男性生理特点的差异，培养学生维护公平竞争的体育道德、维护国家形象和荣誉的意识

女性心脏容积和每搏输出量较男性低，心肌收缩力量较弱，心力贮备也低于男性。由于全身血量、血液中的红细胞及血红蛋白含量较低，故而血液运输氧和二氧化碳的能力都不及男性。另外，肺通气功能和换气功能较低，使她们的运动能力和耐力也不及男性。在世界体坛，因为利益的驱使，男子运动员冒充女子运动员参赛的情况并不鲜见。2021 年 3 月，据印度尼西亚新闻网报道，多次荣膺印度尼西亚女排联赛最有价值球员的阿普里利亚·曼加南格，被印度尼西亚军方认定为生理学上的男性。在印度尼西亚及整个东南亚排坛，曼加南格被誉为印度尼西亚排球赛场上的“无敌战神”。然而，因为肌肉发达、爆发力强、外表也非常接近男性，曼加南格的性别身份一直受到质疑。当然，这一事例并不是故意为之，一方面，受当时医疗条件的限制，出生时只能从外表上来判断性别；另一方面，受经济水平的影响曼加南格从出生到长大成人，没有得到及时的检查和治疗。

1966 年出生的海蒂·格里克曾是民主德国铅球运动员，16 岁时被教练误导开始服用兴奋剂。服用这种药物后，能异常调动其内在潜力、增强运动员在比赛中的竞争性。但这种药物的副作用明显，对女性的危害几乎是不可逆的，可引起月经不调和闭经、多毛症、嗓音低沉，以及第一、第二性征异常等不良反应。服用中度剂量的雄性激素就会出现男性化特征，而海蒂·格里克平均每天被迫摄入的量约为普通女孩每天体内自产雄性激素的 60 倍左右。她慢慢发现自己的喉结越来越突出，脸上的汗毛又粗又长，在外形上男女难辨。这样的结果对于女性来说不仅是在训练比赛中,更是在生活中留下了难以抚平的伤痛。

教师通过讲好印度尼西亚女排运动员阿普里利亚·曼加南格和民主德国体育俱乐部铅球运动员海蒂·格里克的故事，培养学生维护公平竞争的体育道德、维护国家形象和荣誉的意识。

3. 关注女运动员身心健康，培养学生加强健康文化研究，持续增强运动促进健康的理念

女性的骨骼细小，骨密质的厚度较薄，骨骼内水分和脂肪的含量相对较多而无机盐含量较少，这些生理特征导致女性骨骼的抗压能力仅为男性的 2/3，而骨质疏松症的发生率为男性的 6 ~ 10 倍。在围绝经期开始至绝经后，由于卵巢功能衰退，雌激素水平显著下降，骨代谢转换亢进，成骨细胞活性减弱，骨质丢失加速，容易发生骨质疏松症。女运动员三联征是指进食障碍（能量供应不足）、闭经和骨质疏松，是过度训练的标志。运动性月经失调广泛发生在女运动员群体中，尤其是水上项目，除了运动训练（运动强度、运动量）、心理应激、营养状况的因素外，还有水环境潮湿、寒冷等因素的叠加，致使月经失调、痛经发生率较高。

女运动员在生理期时，往往会影响运动技能的发挥。2016年里约奥运会上，傅园慧在4×100米接力比赛结束后因为痛经导致直接瘫倒在场边，脸色苍白有气无力地接受采访说："昨天来例假了，还是会有点乏力，感觉特别累。但这也不是理由，还是我没游好。"傅园慧的话语让大家了解了女性运动员的生理困扰。2017年德国杜塞尔多夫世乒赛上，以直通赛冠军身份入选国乒参赛名额的刘诗雯表现不佳，赛后她承认自己是因为生理期的问题。2019年韩国光州世界游泳锦标赛上，在女子50米自由泳的半决赛中，中国知名运动员刘湘与澳大利亚的布隆特·坎贝尔并列第八，但在加赛中，刘湘遗憾失利无缘决赛。赛后，面色苍白的刘湘上气不接下气，直言自己正处于生理期。由此可见，月经期间身体反应能力、适应能力的下降影响运动表现，尤其是水上项目。为了避免或减轻影响，可以采取"人工月经周期"推迟或提前使其避开比赛期。

教师通过讲述几位女性运动员生理期运动表现的故事，引导学生关注女运动员身心健康，培养学生加强健康文化研究，持续增强运动促进健康的理念。

4. 讲好中国女排的故事，培养学生祖国至上、团结协作、顽强拼搏、永不言弃的精神

曾任中国女排总教练的郎平认为，中国女排的精神不只是赢得冠军，而是有时候明知不会赢，也要竭尽全力。郎平对"女排精神"的内涵阐释为：无论遇到什么困难，都要有团队精神，踏踏实实，做好工作。中国女排队长朱婷认为，"女排精神"就是传承，从五连冠的辉煌延续至今，新一代女排队员一直在丰富其内涵，"女排精神"的实质没有变化。张常宁认为，新时代的"女排精神"就是，哪怕只剩1%的机会，也要付出100%的努力。

1965年4月，周恩来总理邀请日本著名排球教练大松博文来华训练中国女排，在上海进行了一个多月的残酷训练。"五一"劳动节期间，周总理邀请大松夫妇到人民大会堂参加宴会。当周总理询问女排训练情况时，大松毫不客气地说："我正在训练的中国选手，连我们日本女排一半的训练量都不到。"周总理严肃地说："请你把大松精神移植到中国女排的训练中。"大松博文在回忆录中写道："中国姑娘聪慧勤劳，国家最高级别领导人对女排这样关心，将来中国女排必定超越日本队，她们总有一天会夺取世界冠军！"周总理提倡的“大松精神”为中国女排日后的腾飞埋下了种子。

1972 年，漳州体育训练基地建成，所谓的排球训练馆就是搭建的竹棚。1976 年，中国女排主帅袁伟民率中国女排到漳州体育训练基地集训，低矮破旧的竹棚锻造了钢铁般顽强的中国女排。基地老一辈工作人员回忆：“当时没有正规的训练馆，能在竹棚里训练就很不错了。地面是潮湿的泥土，每天姑娘们进去是个人，出来却是一团泥。”袁伟民教练的训练极其严格，姑娘们在泥地上翻滚接球，每次训练完满身都是泥巴、汗水和血水。当球员没力气接球而趴在地上时，袁伟民教练仍不停地将球扣在她们身上。一天至少 8 小时的训练，衣服破了，球鞋开口了，粗糙的场地也磨亮了。“三合土”场地的沙粒嵌入队员们的皮肉中，要用小镊子才能拣出来。1981 年，中国女排首夺世界杯冠军；紧接着，1982 年夺取世界女排锦标赛冠军。之后，中国女排的“五连冠”不仅在世界排坛开创了一个中国时代，也使改革开放初期的国人重塑民族自信。

2003 年 11 月 15 日，陈忠和率领的中国女排在日本大阪以 11 战全胜的成绩，拿下女排世界杯冠军，17 年后再折桂；2004 年 8 月 28 日，中国女排在雅典奥运会决赛中以 3∶2 逆转俄罗斯队取胜，重夺阔别 20 年的奥运冠军；2015 年，郎平挂帅的中国女排在日本勇夺 2015 年世界杯冠军，时隔 11 年重登世界之巅；2016 年里约奥运会，中国女排逆转夺冠，时隔 12 年再夺奥运冠军；2019 年 9 月女排世界杯在日本举行，中国女排以 11 连胜的战绩勇夺冠军，为中华人民共和国 70 周年国庆献上了一份厚礼。当时，《人民日报》推出“中国精神”之“女排精神”海报，阐述了女排精神的内涵。

40 多年来，中国女排备受国人关注与喜爱，这不仅是因为中国女排夺得了冠军，更重要的是女排姑娘们在赛场上展现了祖国至上、团结协作、顽强拼搏、永不言弃的精神，成为“中国强、体育强”“体育强、中国强”的有力明证。

> 三十年拼搏不息，几代人热泪盈眶。在低谷中奋起，从不放弃，面对强敌出手，永不言弃。你们的身影是民族性格的缩影，你们的脚步是一个国家成长的历程。奏国歌，升国旗，你们超越了体育，是国家的英雄。
>
> ——感动中国·中国女排颁奖词

四、课后思考

1. 我们应如何看待民主德国铅球运动员海蒂·格里克的故事？

2. 在自身工作学习中，我们应如何发扬女排精神？

（执笔：许寿生　李　娜）

第十七章　儿童少年、老年人与体育活动

本章主要介绍儿童少年生长发育的一般规律、影响儿童少年生长发育的主要因素、儿童少年生理特点、身体素质发展特点，根据这些特点正确指导体育教学、运动训练和运动员选材的方法；衰老的概念、机理、衰老过程中人体形态和机能的变化、体育锻炼对老年人的健身作用、老年人体育锻炼应遵循的生理原则等内容。

一、教学目标

1. 知识与技能目标

（1）掌握生长、发育及成熟的概念和儿童少年生长发育的一般规律；体育锻炼对儿童少年生长发育的影响。

（2）掌握儿童少年的生理特点及如何针对性地进行体育锻炼。

（3）掌握儿童少年身体素质的发展规律及特点。

（4）了解老年人生理特点与健身作用；老年人健身运动应遵循的原则。

2. 过程与方法目标

结合我国目前儿童少年体质下降和“老龄化社会”现状，培养学生发现问题、思考问题、解决问题的能力；结合运动对儿童少年体质及老年人健康的影响，使学生明白体育锻炼的重要性，养成良好的生活习惯；结合对社会热点事件及时政的解读，使学生了解我国当前应对儿童少年体质下降、实现“健康中国”目标的举措。

3. 情感、态度和价值观目标

培养学生尊重科学，遵循规律的意识；培养学生“少年强则中国强”的意

识和为国争光、顽强拼搏的中华体育精神；培养学生乐于奉献，利用所学回报社会，紧跟政策，服务社会的意识；培养学生具有“中国特色”的科学研究的意识；培养学生坚持运动，保持良好生活习惯的意识；培养学生对梦想坚持不懈和对自我不断挑战的奥林匹克精神。

二、课程思政元素分析

课程思政元素分析见表 17–1。

表 17–1　儿童少年、老年人与体育运动——课程思政元素分析

课程知识点	课程知识点与思政元素融合案例	思政目标
儿童少年生长发育	儿童少年体质健康影响国家发展的道理	培养学生“少年强则中国强”的意识
儿童少年生理特点和体育训练	儿童少年运动不足与运动过量的危害	培养学生尊重科学、遵循规律的意识
	“一根跳绳”的启示	培养学生为国争光、顽强拼搏的中华体育精神
	教育扶贫的故事	培养学生乐于奉献、利用所学回报社会的精神
衰老的机理	我国抗衰老研究的故事	培养学生做具有“中国特色”的科学研究的意识
老年人生理特点与健身作用	运动延缓衰老的故事	培养学生坚持运动，养成良好生活习惯的意识
	我国实现健康老龄化的举措	培养学生紧跟政策、学以致用、服务社会的意识
	老年运动员的奥运事迹	培养学生对梦想坚持不懈和不断挑战自我的奥林匹克精神

二、课程思政教学案例

1. 讲透儿童少年体质健康影响国家发展的道理，培养学生“少年强则中国强”的意识

儿童少年是国家的未来，民族的希望，儿童少年能否健康成长，关系到国

家的前途和命运。如果对儿童少年体质下降这一问题不予以重视或不加强干预，不仅会阻碍儿童少年健康成长，影响他们的生活质量，而且还会影响国家的发展，如符合航空航天、精密制造、国防军事等领域身体素质要求的人才将会出现短缺。

近年来，国家提出了多项政策关注儿童少年的身体健康，《"健康中国2030"规划纲要》中提出，将健康教育纳入国民教育体系，把健康教育作为所有教育阶段素质教育的重要内容。《健康中国行动（2019—2030年）》规定了中小学健康促进行动的目标是增强青少年体质。《国务院关于实施健康中国行动的意见》中指出，到2022年和2030年，国家学生体质健康标准达标优良率分别达到50%及以上和60%及以上，全国儿童青少年总体近视率力争每年降低0.5个百分点以上，新发近视率明显下降。2020年12月12日《中国儿童青少年体育健康促进行动方案（2020—2030）》在上海发布，旨在为全国的学校、家庭、社区提供一整套完整且具有操作性的强身健体策略。2021年全国两会期间，青少年身心健康的议题成了人大代表、政协委员们关注的焦点，代表委员们纷纷为保护儿童少年身心健康建言献策，如"以法律形式确保儿童每天体育运动不少于1小时""把健康教育课纳入各年级的学生课程表""更加重视青少年心理健康问题""培养孩子的艺术素养"等。

教师通过让学生了解国家为促进儿童少年体质健康提出的各项政策，使学生明白促进儿童少年体质健康对国家的经济发展和社会进步有着重要影响，少年强则国强。

2. 讲清儿童少年运动不足与运动过量的危害，培养学生尊重科学、遵循规律的意识

儿童少年的生长发育是机体与外界、遗传性与适应性的对立统一过程，遗传因素决定机体发育的可能性，环境条件影响着发育的进程。营养、疾病、气候和季节、社会因素、遗传因素、体育锻炼等是影响儿童少年生长发育的主要因素。

近年来，我国少年儿童体质健康状况出现两极分化现象，一方面表现在身体形态生长水平的提升，包括身高、体重、胸围等指标呈现明显增长、营养状况明显改善、低体重和营养不良检出率进一步降低、儿童少年力量素质有所提高等；另一方面，目前儿童少年健康形势仍不容乐观，20多年来体质健康主要指标呈连续下降的趋势，33%的儿童少年存在不同程度的健康隐患，小眼镜、小胖墩、小糖人和心理健康等问题较为突出，运动不足是导致儿童少年体质健康下降的主要原因，近七成的儿童少年每天运动不足1小时。

与之相反的是运动过量。据报道，运动过量导致受伤的案例越来越多，人们常常会把受伤的原因归结于技术动作不熟练，但真正的原因可能是过度训练造成的。许多竞技项目需从娃娃抓起，每年有非常多的孩子因为过度运动造成伤害而不得已离开了运动赛场，甚至有的孩子今后都不能再继续运动。如大运动量跑步导致疲劳性骨折、长期使用足球护腿板引起脚跟疼痛、过量的网球练习引发肱骨外上髁炎等运动损伤时有发生。运动医学专家指出，儿童少年运动训练过量会导致身体损伤。由于儿童少年肌肉含水分较多，含蛋白质和无机盐较少，导致力量弱，易疲劳。因此，儿童少年不宜过早进行肌肉负重的力量练习，应当多种项目运动相互配合，全面提高儿童少年的身体素质。虽然体育锻炼是使身体健康的有效方法，但循序渐进和遵循运动规律是安全运动的前提。

教师通过讲解运动不足与运动过量的危害，使学生明白科学运动的重要性，在促进儿童少年体质发展的同时也要遵循身体发育的基本规律，在工作生活中要将理论知识运用于实践，用理论指导实践，把握好运动的“度”，培养学生尊重科学、遵循规律的意识。

3. 讲好“一根跳绳”的启示故事，培养学生为国争光、顽强拼搏的中华体育精神

跳绳是一项国人喜爱的体育运动，跳绳运动可以促进儿童少年的体质发展，使身体更加灵活、协调，因此被称为“最完美的长高运动”。

在美国奥兰多举行的2018年跳绳世界杯赛中，来自我国杭州市富阳区场口镇中心小学、广州市黄埔区东荟花园小学、山东大学辅仁学校、南京新嘉乐花样跳绳队、上海跃动青少年体育俱乐部5个单位的49名队员首次参赛便获得了39金25银18铜的好成绩。2020年国际交互绳大奖赛在上海举办，中国13岁少年黄俊凯在单脚跳绳比赛中30秒轻松跳出136次的惊人成绩，打破了由他自己保持的世界纪录，向全世界展示了“中国速度”。

金牌的背后是这些小队员们每天规律的、刻苦的训练。他们一般每天进行

2小时的专项训练，还要辅助一些力量训练，如俯卧撑、仰卧起坐等，周末和寒暑假还要参加集训。虽然训练非常辛苦，但是小队员们始终保持着对跳绳运动的热爱，训练时从不缺席、偷懒，对教练安排的训练任务也毫不懈怠，多年的训练培养了他们顽强拼搏、不惧挫折的体育精神。

教师通过讲好中国跳绳小运动员刻苦训练、团结协作向世界展示“中国速度”的故事，培养学生为国争光、顽强拼搏的中华体育精神。

4. 讲好教育扶贫的故事，培养学生乐于奉献、利用所学回报社会的精神

目前，我国仍有许多地区体育资源匮乏、体育师资力量薄弱，如学校的操场是水泥铺设的，几乎没有什么体育器材，许多孩子甚至分不清篮球和足球。虽然有许多公益团体捐赠了一些体育器材和设备，但仍然无法从根本上解决这些地区体育资源匮乏的问题。

近年来，全国多所大学都派遣优秀的体育专业志愿者前往贫困地区支教，开展社团指导、专业课程培训等活动以提升体育课质量，提高在校体育教师的业务能力，促进当地学生的身心健康发展，为推动“体育强国”和“教育强国”建设贡献力量。也有一些著名运动员加入这项工作当中来，如，惠若琪是女子排球国家队队员，作为队长的她曾和队友一起斩获2016年里约奥运会金牌。作为体育运动的直接受益者，她深刻感受到了运动的重要性，希望更多孩子感受到体育的魅力。“惠若琪女排发展基金”与“美丽中国”支教项目联合发起了体育支教项目，组织体育专业的老师进行长期体育支教，为促进中国体育教育的发展作出贡献。

教师通过讲好教育扶贫的故事让学生意识到应将自己所学投入到体育实践中，积极主动地参加边远地区支教活动，帮助当地学校开展更加专业的体育教学，同时还能使自己的意志品质在艰苦的环境中得到磨炼和提升。

5. 讲好我国抗衰老研究的故事，培养学生做具有“中国特色”的科学研究的意识

目前我国的抗衰老研究包括以下几种学说，如遗传控制学说、自由基损伤学说、代谢产物交联学说、体细胞突变学说等。

中国十大长寿村为广西巴马、广东三水、广西永福、湖南麻阳、四川彭山、四川都江堰、河南夏邑、湖北钟祥、江苏如皋和广东连州。这些长寿村都有着共同的特点：（1）充足的阳光。阳光中的远红外线有很强的渗透力，它能深入人体内部，改善血液循环，增强人体新陈代谢，提高免疫力。（2）独特的气候条件。日照充足、雨量充沛，营造出一个巨大的天然氧吧。（3）丰富的微量元素。著名的长寿村巴马的土壤、谷物中硒的含量高于全国平均水平 10 倍以上，百岁老人血液中的硒含量高出正常人的 3 ~ 6 倍。硒元素是抗氧化剂谷胱甘肽过氧化物酶的活性成分，可以消除体内有害自由基，拮抗有害元素的形成，增强免疫功能。（4）优越的生态条件。在许多长寿村，自然资源丰富，工业污染少，尤其是水质优越。（5）规律的作息及劳作。这些地区的老人几十年来都保留着日出而作、日落而息的生活习惯，日常活动就是去田间劳作。除了环境因素以外，中科院院士童坦君强调："决定物种最高寿命，遗传起关键作用。"在我国四川都江堰市 875 位长寿老人的 DNA 中，发现了一个和长寿有关的"生命密码"——ATM，这个基因参与了 DNA 的损伤修复、抗氧化及细胞周期调控等过程，与人类的长寿密切相关。

我国老年人口数量庞大，各地区生活环境、生活习惯存在巨大差异，遗传基因资源丰富，从细胞及基因水平为抗衰老研究提供了得天独厚的条件。此外，我国特有的中医理论和中草药资源，也为探索天然化合物干预衰老的机制提供了宝贵经验。目前科研人员从分子生物学方面验证了何首乌、黄芪、人参等中草药在抗衰老中的作用。我国广西永福被中国的老年医学研究机构选为系统考察的样本，同时在广西巴马建立研究基地，探究长寿基因在延缓衰老中的作用。

> 教师通过让学生了解我国长寿村的特点，思考这些特点在抗衰老研究中的作用，讲好我国抗衰老研究的故事，培养学生做具有"中国特色"的科学研究的意识。

6. 讲好运动延缓衰老的故事，培养学生坚持运动，保持良好生活习惯的意识

随着年龄的增长，机体骨骼肌质量减少，肌肉力量下降，关节稳定性和灵活性逐渐变差，骨质疏松普遍发生，伴随着其他系统机能的下降，机体出现了衰老特征。而运动健身可以帮助我们维持肌肉，让身体变得紧致有型，减慢衰老过程中人体退行性的机能变化。

刘叶琳绝对算得上“冻龄女神”，50 多岁的她身材犹如 20 岁的少女，她与儿子站在一起像是同龄人一般。刘叶琳的不老秘籍是常年坚持游泳和健身，每天雷打不动地晨跑，在零下 35℃的冰城哈尔滨做户外瑜伽，从健身房到户外，从游泳、健身到拳击、马拉松，所有感兴趣的运动她都要尝试。她的健身故事感动了许多人，刘叶琳为此还被评为“2017 健康中国十大健身人物”，成为所有女性的榜样。

衰老是不可抗拒的自然规律，虽然无法逆转，但却可以延缓，运动是最经济实用的一种方式，因此我们要坚持运动，保持良好的生活习惯。教师通过讲好运动延缓衰老的故事，培养学生坚持运动，养成良好生活习惯的意识。

7. 讲好我国实现健康老龄化的目标，培养学生紧跟政策、学以致用、服务社会的意识

2018 年年末，我国 65 周岁以上老年人口已超过 1.6 亿，达到总人口的 11.9%，预计到 2050 年，老年人口的比重将明显上升。老龄化形势极端严峻，社会养老问题日益凸显。在《“十三五”健康老龄化规划》中，优化老年健康服务、加强老年健康教育被列为重点任务。增强老年人体质，实现健康老龄化是我们应对老龄化社会的重要目标。

目前，我国老年人健身方式较为单一，如慢跑、快走、广场舞、八段锦、太极拳等，适合老年人室内健身的场所不多，同时缺乏专业的健身指导。随着“健康中国”概念的提出及积极应对人口老龄化的战略部署，国家逐渐重视老年人的健身问题，多地新建了适合老年人的健身场所，并引导老年人科学健身。2017 年和 2018 年，上海相继建成许多适合老年人健身的场所，并根据中老年人群特点开设了团操课程、科学健身大讲堂等。重庆和南京市民大健康服务中心也相继亮相，为老年人运动康复提供服务。

为“推进全民运动，促进体医融合”，专家们就老年人的运动方式提出了许多见解及指导。例如，疫情期间，北京体育大学老年人运动处方课题组在科学制定运动处方的基础上，筛选出部分适合老年人居家锻炼的动作，并由体操专家李克健教授和夏环珍教授进行动作示范，尤其在柔韧及防跌倒的训练上，将一些简单易行的动作推荐给居家的老年朋友们，有针对性地进行健身指导。

教师通过讲好我国为实现健康老龄化的目标所做的努力，让学生了解我国目前的“老龄化社会”现状，培养学生紧跟政策、学以致用、服务社会的意识。

8. 讲好老年运动员的奥运事迹，培养学生对梦想坚持不懈和不断挑战自我的奥林匹克精神

在《奥林匹克宪章》上并没有对参赛者的年龄做出明确规定和限制，但考虑到人体的承受能力和健康等原因，大部分运动项目对年龄是有要求的，如奥运会拳击项目的参赛者年龄不能超过35岁。考虑到儿童少年生长发育的特点，对奥运会参赛者的最低年龄规定为不小于16岁。但一些运动项目对运动员的身体素质和身体机能的要求不高，因此年龄较大的运动员也有资格进入奥运会参加比赛。

奥斯卡·斯旺是奥运历史上参赛年龄最大的运动员，他原是瑞典一位普通的猎户。1908年，首次参加奥运会的斯旺凭借多年的狩猎经验，以25中的成绩夺得了首枚奥运会“跑鹿”射击单发赛的个人金牌。第二天，他与29岁的儿子阿尔弗雷德·斯旺在“跑鹿”射击100米单发团体赛中联手战胜了其他国家的运动员，为瑞典再添一金。1912年，64岁的斯旺在瑞典斯德哥尔摩奥运会射击个人项目比赛中名列第五，随后又在团体比赛中赢得铜牌。斯旺在72岁高龄时又参加了1920年比利时安特卫普夏季奥运会。1927年5月1日，斯旺带着3届奥运会3金1银2铜的战绩和传奇猎手的美名安然辞世，他所创下的60岁夺金、72岁参加奥运会并获得奖牌的纪录，至今无人能打破。

奥运会不只是年轻人的梦想地，老年人同样有机会参加奥运会。教师通过讲好老年运动员的奥运事迹，培养学生对梦想坚持不懈，以及对自我不断挑战的奥林匹克精神。

四、课后思考

1. 如何认识体育在教育扶贫中的作用?
2. 怎样做有“中国特色”的抗衰老研究?
3. 从儿童少年运动员和老年运动员身上，你获得了怎样的体育启示?

（执笔：李 丽 刘晨喆 王亚鑫）

第十八章　运动健身与运动处方

本章主要介绍运动处方的概念、运动处方包含的主要内容、开具运动处方的流程、不同人群运动处方制定的原则等内容。

一、教学目标

1. 知识与技能目标

（1）学习运动处方的概念。

（2）了解运动处方的主要内容。

（3）熟悉开具运动处方的流程。

（4）掌握不同人群运动处方的特点。

2. 过程与方法目标

结合个性化运动处方制定，使学生学会因人、因时、因地而异看待和解决问题；结合对体育政策的解读，使学生了解国家对于体育促进健康事业的支持；结合对热点事件的解读，使学生把握运动量要素。

3. 情感、态度和价值观目标

培养学生关注政策、了解时事的全局意识；培养学生不忘初心、践行梦想的信念；培养学生持之以恒，坚韧不拔的品格；培养学生重视健康，热爱体育运动的观念；培养学生生活中注意因人、因地、因时而异，把握好生活中做人做事的“度”，循序渐进；培养学生时刻不忘毛泽东同志提出的“一切为了人民健康”“发展体育运动，增强人民体质”和以人民为中心的健康理念。

二、课程思政元素分析

课程思政元素分析见表 18–1。

表 18–1　运动健身与运动处方——课程思政元素分析

课程知识点	课程知识点与思政元素融合案例	思政目标
运动目的	毛泽东同志在《体育之研究》中提出的“文明其精神，野蛮其体魄”和“发展体育运动，增强人民体质”题词	培养学生关注政策，了解时事的全局意识；了解矛盾的特殊性和阶段性差异
	以习近平同志为核心的党和国家领导人，再一次提出现代教育应注重“文明其精神，野蛮其体魄”	培养学生不忘初心、践行梦想的信念
	《“健康中国 2030”规划纲要》中提出“发布体育健身活动指南，建立完善针对不同人群、不同环境、不同身体状况的运动处方库”	树立“以人民为中心的发展理念”
运动处方应用	钟南山：体育锻炼的践行者	培养学生持之以恒，坚韧不拔的品格
	马约翰：中国第一位体育学教授	培养学生重视健康，热爱体育锻炼的观念和习惯
	“为祖国健康工作五十年”；蒋南翔与清华体育的蓬勃开展及优良传统	
运动量	哈佛大学校友研究	培养学生因人、因地、因时而异，把握好生活中做人做事的“度”，循序渐进
	日本提出“万步走”	
	朱为模谈运动强度	
运动治慢病	运动治慢病与运动治未病	培养学生实事求是的科学态度，“上医治未病”的意识；培养学生时刻不忘根植于祖国，保持爱国之心

三、课程思政教学案例

1. 通过对体育政策的学习，培养学生的全局意识，使学生具备制定运动处方的能力，为实现“健康中国”贡献体育的科技力量

运动处方的概念最早由美国生理学家在 20 世纪 50 年代提出，旨在唤醒大众的“主动健康意识”，使“体力活动水平”成为医生问诊时的必要内容之一，使医生或相关健康从业者能够为患者或健身活动参与者提供科学的运动处方咨询。

运动处方第一要素为运动目的，大部分人的运动目的可以归结为增强体质，保持健康。健康是促进人的全面发展的必然要求，是经济社会发展的基础条件。实现国民健康长寿，是国家富强、民族振兴的重要标志，也是全国各族人民的共同愿望。

以毛泽东同志为代表的第一代党和国家领导集体的体育思想的主线，就是体育关系着国家民族的盛衰和兴亡。1917 年毛泽东在《新青年》上发表了《体育之研究》一文，其中广为流传的一句话是：体育之精神，实质就在于“文明其精神，野蛮其体魄”；1952 年，毛泽东为中华体育总会题词“发展体育运动，增强人民体质”，这些都深刻揭示了体育的性质、目的及体育在社会发展中的地位和作用，反映了毛泽东体育思想的精髓，也反映了党和国家领导人对体育工作的深切期望。

《跟着毛主席在大风大浪中前进——记陪毛主席畅游十三陵水库》一文，详细记录了 1964 年 6 月 16 日北京体育学院师生陪同毛主席畅游十三陵水库的全过程。文中写道，毛泽东一边游泳，一边与北京体育学院的师生畅谈，他语重心长地说：“你们不要老在屋里游泳，应该到长江、白洋淀、江河里游泳。”

党的十八大以来，以习近平同志为核心的党中央，继往开来，赓续日新，结合中国特色社会主义新时代的发展，联系马克思主义的辩证唯物史观实现了体育思想的创新与飞跃。2020 年，习近平总书记在陕西省平利县老县镇考察调研中，再一次提出现代教育应注重“文明其精神，野蛮其体魄”“体育是综合国力的体现”“体育承载着国家强盛、民族振兴的梦想”“体育强则中国强，国运兴则体育兴”。时代要求我们要加强青少年精神与体魄的全面教育，培养体魄强健、人格健全、品学兼优、充满朝气的新时代接班人，并在一代又一代接续奋斗中，努力实现国家富强、民族振兴、人民幸福的宏伟目标。

2019 年 6 月 18 日，习近平总书记在给北京体育大学 2016 级研究生冠军班全体学生回信中提道：“新时代的中国，更需要使命在肩、奋斗有我的精神。希望你们带头拼、加油干，为建设体育强国多作贡献，为社会传递更多正能量。”“积极参与全民健身推广工作”就是希望通过冠军班引领和带动使全体国民运动起来，根据运动处方原则科学健身，共创健康中国。

《“健康中国 2030”规划纲要》中提出，发布体育健身活动指南，建立和完善针对不同人群、不同环境、不同身体状况的运动处方库，推动形成体医结合的疾病管理与健康服务模式，发挥全民科学健身在健康促进、慢性病预防和康复等方面的积极作用；加强全民健身科技创新平台和科学健身指导服务站点建设；开展国民体质测试，完善体质健康监测体系，开发应用国民体质健康监测大数据，开展运动风险评估。

培养学生关注政策，树立国家需要、人民需要体育的使命感和责任感，作为体育科技工作者坚定不忘初心、践行梦想的信念，为实现“健康中国”贡献力量。

2. 通过讲好体育锻炼者的榜样故事，指导学生充分认识到运动对健康的重要性，培养学生持之以恒、坚忍、勇敢的良好品质

渊博的知识，高尚的品德，都需要强健的身躯来承载，正如青年毛泽东所说：“体者，载知识之车而寓道德之舍也。”

（1）钟南山：体育锻炼的终生践行者

2019 年 12 月，新冠病毒疫情暴发，已经八十多岁的钟南山院士再一次在危急关头站了出来，践行自己作为医务工作者的光荣使命。钟南山 1960 年毕业于北京医学院，大学期间他就坚持参加体育运动和体育竞赛。据钟老透露，在疫情期间他仍然坚持参加体育锻炼，从未停止过。众所周知，钟南山院士是我国支气管哮喘、重大呼吸道传染性疾病防治的领军人物。我们更应该知道钟南山院士也是体育锻炼的践行者和受益者，每天高强度的工作之余他依然坚持锻炼，如今八十多岁高龄的他依然能做 10 个引体向上。

钟南山院士常说：“锻炼就像吃饭一样，是生活的一部分，我们要建立一种观念，就是要一辈子运动，这样才能享有比较好的生活质量，最大的成功就是健康地活着”“运动对我保持身体健康起到了关键作用”。即使日常工作非常繁忙，钟南山院士每周也要抽出 3 ~ 4 天进行锻炼，每次锻炼的时间为 40 ~ 50 分钟。

（2）马约翰：中国第一位体育学教授

1914 年，马约翰应聘来到清华，最初担任化学系助教，随后调到体育部任教。他制定了至今看来仍很严格的规定：学生在校学习 8 年（1911—1928

年学校的正式名称为清华留美预备学校。清华学生 12 ~ 14 岁入学，学制 8 年），必须通过“体育测验”指标，考核的项目包括 100 米、铅球，以及足球、篮球的基本技能，不达标者不能出国留学。

著名科学家钱伟长，因为身高不达标差点儿被清华大学拒之门外。提起钱伟长，马约翰真是没少操心。特别值得一提的是，当时钱伟长每项体育成绩都不达标：体重太轻、肺活量不足、篮球扔不进筐、跑两圈（也就几百米）就喘不过气等。即便如此，马约翰并没有放弃他，每次成绩出来后，他都会慈祥地对钱伟长说：“没关系，可以锻炼嘛！”就这样，在马约翰耐心的教育下，身体瘦弱的钱伟长充分发扬顽强拼搏的精神，每天坚持体育锻炼，从没停止过，他的身高从 1.49 米长到了 1.66 米，还在全国大学生运动会 100 米跨栏比赛中勇夺第三名，完成了从体育后进生到体育五虎将的完美逆袭，以至于老年时期的他，依然时常感念恩师——马约翰。

著名的建筑学家梁思成晚年常对后辈坦言，马老师的体育课为自己的古建筑测绘事业奠定了身体基础。

几十年来，“马约翰杯”比赛依然在清华大学如火如荼地进行着。马约翰一贯秉承并要求的“清华体育精神”——勇往直前、拼搏奋进、追求纯真、合作互助、胸怀家国，在今天依然激励着年轻一代的清华人。

（3）蒋南翔：为祖国健康工作五十年

“无体育，不清华。”清华建校之初，曾以“三好学校”著称：校舍好、英文好、体育好。1952 年 12 月 31 日，蒋南翔就任清华大学校长后，更是将体育精神发扬光大，他提出了“为祖国健康工作五十年”的口号。

“同学们，课外锻炼的时间到了，走出宿舍，走出教室，参加课外锻炼，争取为祖国健康地工作五十年。”在清华园中，每天下午 4 点 30 分，校园广播都会响起这段熟悉的声音，“为祖国健康工作五十年”，这句浓缩了清华体育精神的口号，已经响彻清华半个多世纪，而这一切，都与蒋南翔校长密不可分。在他担任清华大学校长的 14 年中，不仅铸就了清华大学专业学科领域的辉煌，也创造了声誉卓著的体育传统与成就。

1957 年 11 月 29 日，蒋南翔校长在清华体育工作干部会上发表讲话：“我们办的是社会主义大学，除了要培养青年成为具有社会主义觉悟，掌握业务的人才外，还同时必须是体魄健全的能劳动的社会主义建设者。你们看，马老（马约翰先生）今年已经七十六岁了，还是面红身健。我们每个同学要争取毕业后工作五十年。”这是他首次公开表达“为祖国工作五十年”的设想。1961 年 3 月 9 日，蒋南翔就健康等问题与团委干部谈话，其中谈道：“‘要至少为祖国健康地工作五十年’的提法还是合适的。”1961 年 9 月，他在迎接新生大会上号召，“争取至少为祖国健康地工作五十年”。1962 年 9 月，他在迎接新生大会上，勉励同学们身体好，不要像旧中国有些大学生一样，“第一年买眼镜、第二年买痰盂、第三年买药罐、第四年买棺材”（徐锡安《青年导师教育伟人》），号召“将来清华毕业的同学，不仅业务上、政治上都很好，身体也很棒，独立工作能力特别强，至少为祖国健康地工作五十年”。

蒋南翔是新清华的奠基者，也是清华体育的开拓者。他首倡的“为祖国健康工作五十年”口号，镌刻在东大操场的看台外墙壁上，其浓缩了德育和体育关系、国家和个人关系的精华。从此，“为祖国健康工作五十年”和校训“自强不息，厚德载物”一样，所有清华人都耳熟能详，成为清华人矢志不渝的奋斗目标。

教师通过讲好运动对健康的重要性，培养学生持之以恒、坚忍不拔的品格，养成重视健康，热爱体育锻炼的意识。

3. 通过对运动处方量与效之间关系的研究，使学生领悟做人做事的“度”，遵循循序渐进的原则

“运动是良医”是美国运动医学会和美国医学学会于 2007 年 11 月 14 日正式提出的一个学术理念和健康促进计划：“将体力活动纳入卫生保健”的行动计划。2016 年“运动是良医”项目已经得到包括中国在内的 43 个国家的认可和试行。

运动作为防治疾病的一味“药”，正被越来越多的医生所认可，并走进了大众的日常生活。运动既然是“药”，就不该是“多多益善”，而应该是“量体裁衣”、个性化定制，因此也需要处方。运动处方中的运动强度、运动时间、运动频度都是运动的组成参数。因此，运动中一定要注意对于运动“量”的把握。

美国哈佛大学的帕芬柏格开启了 20 世纪 60 年代初著名的哈佛大学校友研究（The College Alumni Health Study），并在 1970 年对 6000 名 35 ~ 64 岁旧金山地区海岸工作人员 1951 年的全面体检进行追踪研究。帕芬伯格的贡献为开始用问卷的方式对体力活动进行定量研究（哈佛体力活动问卷也成为早期体力活动研究的重要工具），并开始研究运动的量效（Dose-Response）关系。

1993 年，针对代表体力活动相对安静时能量消耗的倍数的梅脱值（Metabolic Equivalent，MET）的《体力活动梅脱表》发表。

2000 年在加拿大召开的“运动量效”专题论坛，集中讨论了现有的研究运动量效关系的科学证据，对运动量效认识的变化达成共识。

2004 年斯蒂文 · N. 布莱尔等关于体力活动推荐量演变的综述对运动量效研究和应用产生了较大影响。

20 世纪 60 年代，日本真正开始大规模用步行来促进健康，提出了“万步走”的口号。走多少步的量和健康的效之间的关系可以从两个方向去探讨，一是走多少步与健康之间的关系，二是走多少步与中等强度有氧运动时间的关系。这是因为中等强度有氧运动时间与健康之间的关系已被大量的科学研究所证明，并且被列入运动健康的指南中（如每人每周至少应该有 5 天中等强度的有氧运动，每天至少 30 分钟，每周共 150 分钟）。

2015 年，朱为模在美国伊利诺伊大学组织了“久坐行为与健康”主题论坛并在 2017 年发表了专著。“没有强度就没有体育！没有强度就没有健康体质！没有强度就没有大众健康！没有强度就不可能成为体育强国！”朱为模教授通过上面的四句话强调了运动强度的必要性。

在信息时代背景下，可以通过各种可穿戴电子信息设备帮助体育锻炼者对运动量进行把握，将各种体育项目与健身 App 相结合，提供更好的健身指导服务。以手机为基础的动态运动干预设备、课程及 App 应用的开发，运动处方的动态、瞬时和生活化在 5G 时代将很快可以实现。新一代基于物联网的带有互动功能的运动设备和课程通过直播、智能健身器材和远程视觉教练 3 种形式，开始走进用户的家庭。

近年来，城市马拉松赛在中国迅速发展，呈现“井喷式”增长，马拉松运动逐渐面向普通民众，有望发展成为一项全民健身运动。2016 年 4 月 10 日上午 7 点 30 分，武汉首届马拉松比赛正式开跑，有来自 36 个国家的 2 万多人参赛；然后在接下来的几个小时里，大半个武汉都被马拉松大军“占领”了！当天武汉各大医院都处于紧急备战状态，据不完全统计，处置伤员共计在 4000 人次以上。

业余跑圈有句话：如果你想跑马拉松，最好保证每个月的跑量能达到至少200公里，平均每天跑7公里。对绝大多数人来说，一周7天，能做到跑3休4甚至跑4休3已经是比较高频的训练了，更专业的还能做到跑5休2、跑6休1，甚至一天多练。这就意味着马拉松需要投入极多的时间，且这种投入必须是持续的；但如此大的运动量会带来更多的运动损伤风险。

生命在于运动，但不在于过度运动。古人强调过犹不及，放在这里也是非常合适的。应该积极提倡和践行科学健身，避免盲动或盲从，提高健身收益。

教师通过讲好运动是“良药”的概念，培养学生生活中注意因人、因地、因时而异，把握好生活中做人做事的“度”，遵循循序渐进的原则。

4. 运动处方与中医及传统体育项目相结合，治慢病与治未病相结合，制定适合中国人的运动处方，时刻不忘根植于祖国，将爱国之心落到实处

2016年，由北京体育大学王正珍教授团队翻译的第十版《ACSM运动测试与运动处方指南》出版。不足的是，虽然东方的健身运动，如瑜伽、太极拳、气功等已经被广泛应用于西方的运动实践中，并且已被研究证明了它们的积极效果，但如何将这些运动纳入运动处方仍然是完全空白，亟待进一步研究。

据统计，生活方式病导致的死亡约占我国总死亡率的87%，我国目前心脑血管病患者有2.9亿人，糖尿病患者有1.14亿人。同时，我国超过88%的成年人身体活动不足，缺乏运动也是青少年肥胖、体质下降的最主要原因，运动不足已成为威胁大众健康的重要原因。慢性病的负担越来越重，慢性病已成为中国居民死亡的主要原因。根据《中国慢性病防治工作规划（2012—2015年）》显示，我国慢性病发病人数迅速上升，我国慢性病死亡人数已占总死亡人数的85%，慢性病导致的疾病负担已占总疾病负担的70%。这是有些家庭因病返贫的重要原因，如果不及时有效地加以控制，将会带来严重的社会经济问题。

多项研究都已证实，合理运动能帮助治疗和预防心脑血管疾病、肥胖、糖尿病等40多种慢性疾病。通过个性化、对“症”下药的运动处方，指导人们科学锻炼，可以有效预防和治疗许多慢性病。“体医结合”就是以解决健康问题甚至是医疗问题为导向，组织进行科学锻炼，通过体育运动来解决慢性病问题。

北京广安门医院呼吸科对100位心肺慢性疾病患者进行了为期4个月的科

学锻炼指导，患者病情均不同程度得到了缓解，住院次数显著下降，医药费用下降60%以上，运动依从率100%，并且得到患者家庭的普遍认可和积极支持。

研究表明，对于心脏病人而言，规律运动能增强体力、活动能力，增加心脏和肺的工作效率，改善冠状动脉血流，调节血压和心率，使其趋于平稳。此外，运动还可以减少血小板聚集，增加纤溶性，减少心肌梗死和中风的概率。通过运动还可以有效帮助心脏病患者减脂、控血糖、降血压、减少腹部脂肪。

我国深入实施的中医治未病健康工程，将中医药优势与健康管理结合，旨在探索融健康文化、健康管理、健康保险为一体的中医健康保障模式。体育作为治未病手段和方法也需要与中医相结合，共同挖掘体力活动的健康促进功能，加快健康中国建设步伐。

> 教师通过讲好运动治慢病与运动治未病的发展历程，培养学生时刻不忘根植于祖国，将爱国之心落到实处。

四、课后思考

1. 谈谈你对“无体育，不清华”的理解。
2. 你如何看待马拉松跑步热潮及跑者伤害现象？
3. 你如何理解“运动治慢病”与“运动治未病”的关系？

（执笔：许寿生　曹春霞）

第十九章　运动生理学实验及科学研究

本章主要介绍运动生理学人体及动物实验设计、动物伦理和福利、科学研究及科研学术规范等内容。

一、教学目标

1. 知识与技能目标

（1）掌握生理学常用实验仪器和生理信号采集系统的使用方法。

（2）掌握动物实验基本操作；掌握人体实验生理指标检测技术和方法。

（3）了解科学研究的一般程序；掌握基础的科研理论知识和科研方法。

（4）了解科研论文写作规范；掌握文献检索工具和方法。

2. 过程与方法目标

激发学生的科研兴趣，培养良好科学素质；在实验教学过程中，逐步提高学生的观察能力、分析能力、独立思考和解决问题的能力。

3. 情感、态度和价值观目标

建立理性的生命观，培养学生尊重生命、敬畏生命意识和仁爱之心；培养学生独立思考、团队协作、攻克难关的能力；提高学生的安全防范意识，培养学生严谨的科学态度；培养学生求真务实精神和底线意识；培养学生的批判性思维、诚实守信的职业道德和吃苦耐劳精神；培养学生实事求是的科学态度和积极乐观的心态。

二、课程思政元素分析

课程思政元素分析见表 19–1。

表 19–1 运动生理学实验及科学研究——课程思政元素分析

课程知识点	课程知识点与思政元素融合案例	思政目标
动物伦理和福利	“世界实验动物日”	培养学生尊重生命、敬畏生命意识和仁爱之心
实验课程	动物实验和人体实验的小组合作	培养学生独立思考、团队协作、攻坚克难的能力
实验室安全	实验室安全案例	提高学生的安全防范意识，培养学生严谨的科学态度
科研学术规范	科研学术规范的要求	培养学生的求真务实精神和底线意识
	施一公“科研诚信”的故事	培养学生的批判性思维、诚实守信的职业道德和吃苦耐劳的精神
	诺贝尔化学奖得主弗朗西丝·阿诺德的主动撤稿故事	培养学生实事求是的科学态度和积极乐观的心态

三、课程思政教学案例

1. 讲好“世界实验动物日”设立事例，培养学生尊重生命、敬畏生命意识和仁爱之心

1979 年，由英国反活体解剖协会（NAVS）发起，将每年的 4 月 24 日定为“世界实验动物日”，其前后一周则被称为“实验动物周”。实验动物是现代生命科学研究的重要组成部分，是生命科学研究的基础和重要支撑条件，功能验证和药物安全评价更是离不开实验动物这一活的“精密仪器”，实验动物有着其他研究技术和手段无法替代的作用。各种药物、疫苗的研制、异体器官移植及克隆技术等重大技术突破，都是首先在实验动物上获得成功的，但这并不意味着人类可以随意杀害、滥用实验动物进行科学研究。科研人员应建立合理合法的理性生命观，同时也要富有仁爱之心；在实验条件允许的情况下，应尽可能地遵守实验动物“3R 原则”、五大自由。

明确实验动物的“3R原则”：Reduction（减少），Replacement（替代）和 Refinement（优化）。Reduction 是指减少试验的次数和试验用的动物，同时保证数据信息的数量与精确度。Replacement 是指使用其他方法而不用动物进行的试验或研究，或是使用没有知觉的试验材料代替神志清醒的活的脊椎动物进行试验的一种科学方法，包括：①用低级动物代替高级动物、小动物代替大动物；②用组织学实验代替整体动物实验；③用分子生物学方法代替动物实验；④人工合成材料代替动物实验；⑤利用数字及计算机软件将各种物理、化学信息输入电脑，以模拟动物的各种生理反应，进而代替动物实验。Refinement 是指在必须使用动物时，通过改进条件，善待动物，提高动物福利，避免或减轻给动物造成的与实验目的无关的疼痛和紧张不安的科学方法。

当必须进行动物试验时，应尽可能地提高动物福利，动物福利被普遍理解为五大自由：①享受不受饥渴的自由：保证提供动物保持良好健康和精力所需要的食物和饮水；②享有生活舒适的自由：提供适当的房舍或栖息场所，让动物能够得到舒适的睡眠和休息；③享有不受痛苦、伤害和疾病的自由：保证动物不受额外的疼痛，预防疾病并对患病动物进行及时的治疗；④享有生活无恐惧和无悲伤的自由：保证避免动物遭受精神痛苦的各种条件和处置；⑤享有表达天性的自由：有足够的空间、适当的设施以及与同类伙伴在一起。

因此，在开展相关的动物实验课程时，可将思政教育融入实验教学中，通过向学生介绍动物的习性、饲养要求、动物伦理和福利，让学生把善待实验动物、确保动物福利等动物实验伦理内化于心，并落实到实验过程的每个环节。也可利用相关事例进行补充讲解，如 2020 年，江苏省科学技术厅通报表彰实验动物工作成效突出集体和个人典型案例；2021 年，江南大学开展的“世界实验动物日”科普纪念系列活动。

> 教师通过讲授世界实验动物日、实验伦理和动物福利，并结合相关事例进行阐述，帮助学生建立理性的生命观，培养学生尊重生命、敬畏生命的意识和仁爱之心。

2. 通过动物实验和人体实验的小组合作，培养学生独立思考、团队协作、攻坚克难的能力

运动生理学课程中包含较多的实验课程，如骨骼肌机能测定、血液和循环机能测定、呼吸机能测定、神经系统和感觉机能测定、有氧和无氧工作能力测定等。开展实验课的目的就在于通过实验使学生加深了解和验证生理学的基本理论和知识，初步掌握生理实验的基本操作技术、熟悉运动生理学实验的基本方法、手段，在实验过程中培养学生对待科研工作应具有严肃认真、严格要求和实事求是的工作态度。通过实验逐步培养学生对待事物能够客观地进行观察、比较、分析和综合运用及独立思考的能力。

例如，在人体最大摄氧量测试试验中，教师可指导至少4名学生进行合理分工：1名为受试者，1名操作气体分析仪，1名控制负荷强度和1名管理呼吸口嘴及进行安全保护。通过实验过程中的小组合作，可以培养同学之间的团结协作精神，并通过仪器操作、实验结果分析、实验报告的完成，引导学生独立思考，培养学生发现问题、分析问题和解决问题的能力。

教师利用运动生理学实验课，培养学生独立思考、团结协作、攻坚克难关的能力。

3. 讲好实验室安全案例，提高学生的安全防范意识，培养学生严谨的科学态度

实验室的安全有序管理是实验工作正常进行的基本保证，实验室安全意识是科研人员必须具备的科学素质。因此，凡是进入实验室工作、学习的人员都必须遵守实验室的相关要求，以避免意外发生。

实验室是用于做科研实验的场所，涉及到各种化学药剂、气体等危险物品，若是操作不当就容易导致安全事故，造成生命或财产的重大损失。例如，2009年我国台湾高雄医学大学附属医院实验室气体爆炸案；2010年巴西最大生物所失火案；2011年美国耶鲁大学一名女学生因被实验仪器绞住头发而导致死亡案。除了以上案例外，近年来我国高校实验室安全事故也时有发生。例如，2016年9月，上海某大学化学化工与生物工程学院的3名研究生在实验室进行化学实验时，现场发生爆炸，其中两名学生身受重伤；2017年3月，上海某大学化学西楼一实验室发生烟雾报警，同时楼内疑似发出轻微爆炸声，1名学生手部轻微受伤；2018年12月，北京某大学实验室，进行垃圾渗滤液污水处理科研实验期间，实验现场发生爆炸，事故造成3名参与实验的学生死亡。这些事故的发生，为我们敲响实验室安全警钟。实验室安全管理，责任重于“泰山”。

> 教师通过讲述实验室安全事故案例，提高学生的安全防范意识，培养学生严谨的科学态度。

4. 讲好科研学术规范的要求，培养学生的求真务实精神和底线意识

近年来，随着我国对科研诚信工作的不断重视，国内外学术期刊撤稿事件越来越多地见诸媒体，甚至多次出现“大规模撤稿事件”，引发广大科研工作者和社会热议，并引起管理部门高度重视。据报道，截止到 2021 年 1 月 31 日，世界范围内共有 25099 篇 SCI 论文（美国《科学引文索引》英文缩写）撤稿；近 9 年来，SCI 论文撤稿数量和比例持续增长。

2019 年 5 月 29 日，中华人民共和国新闻出版行业标准《学术出版规范——期刊学术不端行为界定（CY/T174–2019）》发布，对不端行为界定包括了学术期刊论文作者、审稿专家和编辑者三个主体。论文作者学术不端行为类型包括：剽窃、伪造、篡改、不当署名、一稿多投、重复发表、违背伦理研究及其他学术不端行为。审稿专家学术不端行为类型包括：违背学术道德的评审、干扰评审程序、违反利益冲突规定、违反保密规定、盗用稿件内容、谋取不正当利益及其他学术不端行为。编辑者学术不端行为类型包括：违背学术和伦理标准提出编辑意见、违反利益冲突规定、违反保密要求、盗用稿件内容、干扰评审、谋取不正当利益及其他学术不端行为。

因此，为避免学生对学术规范、学术道德认识不足而导致其在学习和科研过程中发生不端行为，应及时对学生进行学术规范、学术道德教育，以防患于未然。

> 教师在对学生进行科研学术规范教育时，可结合国内外学术期刊撤稿事件进行讲解，培养学生求真守真、务实创新，遵守学术道德，坚守学术诚信。

5. 讲好施一公“科研诚信”的故事，培养学生的批判性思维、诚实守信的职业道德和吃苦耐劳的精神

2018 年 10 月 15 日，施一公教授在参加人民大会堂举行的全国科学道德和学风建设宣讲教育报告会中向研究生和青年学者分享了他对学术品位、学术道德、学术道路的一些看法，报告内容极具教育意义，发人深思。

施一公教授的报告内容主要可以归纳为以下五个方面：（1）想要成为一名优秀的研究生，时间的付出是必须的；（2）想要成为一名优秀的研究生，必须具备批判性思维，这种批判性思维不仅体现在负面结果的分析处理上，还应体现在科研文献与学术讲座上；（3）科学家往往需要独立人格和独特的个性，对待不同事物要有自己独立的看法；（4）不可触碰学术道德底线；（5）科学研究中没有绝对的真理，只有不断改进的人类对自然的认识。科学研究是探寻未知，其结果是科学发现和规律定理。

正如施一公教授所说的那样，走上科研的道路，每个人的目的和动力来源可能有所不同，但不论每个人是以什么目的、以什么为支撑在做科研，科学研究的本质就是求真，其目标就是不断拓展人类知识的边界、推动技术进步。

教师在讲授科研学术规范这一内容时，可引入施一公教授2018年在全国科学道德和学风建设宣讲教育报告会上所做的报告，引发学生思考，培养学生的批判性思维、诚实守信的职业道德和吃苦耐劳的精神。

6. 讲好诺贝尔化学奖得主弗朗西丝·阿诺德主动撤稿的故事，培养学生实事求是的科学态度和积极乐观的心态

诺贝尔化学奖获得者（2018年）、加州理工学院教授弗朗西丝·阿诺德于2019年5月在《科学》（*Science*）杂志上发表了一篇名为 *Site-selective enzymatic C-H amidation for synthesis of diverse lactams* 的文章；但该团队在后期重做酶促合成内酰胺实验时却发现无法重复工作，而重复是验证科学实验的重要组成部分。于是，2020年1月，阿诺德主动撤回了该文章。阿诺德教授勇于纠正错误的态度也受到许多科研人员的赞赏。科学研究的道路并不平坦，出现错误是不可避免的，但正确认识并积极改正才是对科学事实的尊重和对研究工作的负责。

科研人员在文章发表过程中经常会遇到被拒稿的问题。在面对文章投稿被拒时，密歇根州立大学地球与环境科学的博士研究生凯特琳·柯比的心态是值得学习的。柯比穿着一条自己用17封拒稿信做成的裙子完成了博士论文答辩。她表示之所以穿这条“拒信裙”，并不是为了表示抗议，只是为了表明在科学研究实现目标的过程中，我们都可能会遭到拒绝，这是科学研究中本来就应具有的组成部分。

教师通过讲述诺贝尔化学奖得主弗朗西丝·阿诺德和博士生凯特琳的故事，培养学生实事求是的科学态度和积极乐观的心态。

四、课后思考

1. 我们应如何看待国内外的大规模撤稿事件？
2. 我们应如何做好科学研究？科学研究需要哪些品质？
3. 我们应如何看待科学研究实验中的动物伦理问题？

（执笔：张严焱　石丽君　单美玲）

参考文献

［1］陈孟琴．中国生理学史［M］．北京：北京大学医学出版社，2001.

［2］邓琳，郑劲平．肺功能检查临床应用研究进展（2018—2019 年）［J］．中国实用内科杂志，2020，40（9）：777-781.

［3］邓运龙．周期性竞速运动的项目本质特征与关键技术途径［J］．南京体育学院学报（社会科学版），2012，26（2）：14-18.

［4］杜震宇．生物学科课程思政教学指南［M］．上海：华东师范大学出版社，2020.

［5］樊泽民，刘立京，张伟，等．教育部落实《综合防控儿童青少年近视实施方案》进展综述［J］．中国学校卫生，2019，40（10）：1449-1452.

［6］凤凰网．三八妇女节｜致敬“她力量”，和中国女排一起乘风破浪！［EB/OL］．（2021-03-08）［2021-07-04］.http://sports.ifeng.com/c/84Rt5MeZ0XB.

［7］高峰．身体素质在足球运动中对运动员的影响及作用［J］．当代体育科技，2014，4（13）：135-136.

［8］龚波，曾桂生，董众鸣．中国人视野中的足球运动：错觉与偏见解析［J］．中国体育科技，2011，47（4）：42-48.

［9］国家新闻出版署．国家新闻出版署发布《学术出版规范——期刊学术不端行为界定（CY/T 174—2019）》［J］．工业技术创新，2020，7（2）：6.

［10］国务院办公厅．国务院办公厅关于印发“十三五”全国结核病防治规划的通知［J］．中华人民共和国国务院公报，2017（7）：32-37.

［11］郭海婴．睡眠不规律健康有危害［J］．长寿，2014（9）：44-45.

［12］郭雪芬．健康中国专项行动——防控重大疾病［J］．中华灾害救援医学，

2019，7（8）：482.

［13］黄付敏，刘静．一粒糖丸定乾坤健康事业一方舟［J］．中国卫生人才，2019（9）：58-61.

［14］黄佳，赵志刚．奥运违禁药品相关知识介绍［J］．临床药物治疗杂志，2008，6（3）：3-8.

［15］黄立新，杨斌，裴文文，等．杨水上项目运动员月经初潮年龄和月经模式的调查［J］．体育科技，2019，40（1）：22-25.

［16］黄世昌，谢可欣．残疾人体育权利法理分析与法律保障研究［J］．北京体育大学学报，2020，43（1）：50-58.

［17］教育部．教育部关于印发《高等学校课程思政建设指导纲要》的通知．（2020-05-28）［2021-07-04］.http://www.gov.cn/zhengce/zhengceku/2020-06/06/content_5517606.htm.

［18］李继平，金剑，秦川．实验动物在医学创新研究与发展中的作用［J］．中国医药导报，2014，11（31）：152-155.

［19］李靖宇．水中放松对足球运动员疲劳恢复的影响［D］．北京：北京体育大学，2019.

［20］刘明琴，刘娟，吕飞．浅析心理问题产生的溯源［J］．文学教育（中），2014（8）：55-57.

［21］刘明月，张露露，张萌，等．浅谈应对血液短缺问题的对策［J］．中国卫生产业，2017，14（15）：175-177.

［22］楼栋．前东德女子运动员服禁药致变性［J］．共产党员，2009（23）：59.

［23］罗心楗．浅谈排球专项速度素质对排球教学效果的影响［J］．当代体育科技，2020，10（9）：29-30.

［24］马军．借力国家政策促进儿童青少年视力健康［J］．中国学校卫生，2018，39（10）：1441-1442+1448.

［25］马亚丽，孙小娅．专业课程融入思政教育实践路径研究——以生理学课程为例［J］．宿州教育学院学报，2020，23（5）：55-58.

［26］马志伟，李海霞，樊召锋．新时代航天精神的培育与弘扬［J］．军工文化，2021（3）：52-55.

［27］钱炜．抗衰老研究的中国格局［J］．中外文摘，2011（22）：64-67.

［28］饶毅．纪念世界著名神经生理学家冯德培［J］．二十一世纪，1996，34（4）：102–107.
［29］任本命．卡尔·兰德斯坦纳［J］．遗传，2006（1）：1–2.
［30］单忠艳，滕卫平．我国甲状腺疾病的防治现状、对策及挑战［J］．诊断学理论与实践，2020，19（4）：329–333.
［31］史德平，赵宏雯．青少年体质健康存在的主要问题及体育保健发展趋势研究［J］．青少年体育，2020（10）：36–37.
［32］孙然，胡思海，钱进，等．以“新冠”疫情为案例的《环境工程微生物学》课程思政教学设计［J］．高教学刊，2021（10）：33–36+41.
［33］孙子林，刘莉莉．《中国糖尿病运动治疗指南》解读［J］．国际内分泌代谢杂志，2013，33（6）：373–375+378.
［34］宿千．运动生理学视阙下钢琴教学手指快速跑动训练研究［D］．保定：河北大学，2020.
［35］田茂生．我国无偿献血问题研究［J］．山东理工大学学报（社会科学版），2012，28（6）：52–55.
［36］王驰，王成彬．急性高原病诊断和预测因素的研究进展［J］．临床检验杂志（电子版），2014，3（4）：717–723.
［37］王杰婷．神经生理学家的“冯氏效应”［J］．科学家，2014（9）：28–29.
［38］王瑞元，苏全生．运动生理学［M］．北京：人民体育出版社，2012.
［39］王荣凯，王婴宁．浅析足球运动员运动性疲劳产生与消除［J］．当代体育科技，2016，6（3）：151+153.
［40］王雁，燕飞．党的五代领导人关于体育的重要论述蕴含的马克思主义哲学观［J］．体育与科学，2021，42（2）：29–34.
［41］王震．武大为抗击非典而献身的38只猴子树“慰灵碑”［N］．武汉晚报，2015–02–15
［42］卫生部办公厅．卫生部办公厅关于印发《糖皮质激素类药物临床应用指导原则》的通知［J］．中华人民共和国卫生部公报，2011（3）：58.
［43］卫生部办公厅．卫生部关于加强“血液疗法”管理的通知［J］．中华人民共和国卫生部公报，2005（4）：46.
［44］文理，方言．多莉，世界第一只克隆羊［J］．现代中小学教育，2000（8）：

42–43.
[45] 我国首次人工合成结晶牛胰岛素蛋白[N]. 人民日报, 2009-09-18(005).
[46] 吴华慧. 网球运动员疲劳的产生与恢复[J]. 教书育人，2007（S8）：94–95.
[47] 吴菊花，蔺海旗，林文弢. 运动干预影响儿童青少年近视发生发展的研究述评[J]. 哈尔滨体育学院学报，2020，38（3）：9–13.
[48] 吴涯. "健康中国"视域下体育教师专业发展方略研究[J]. 青少年体育，2020（9）：98–100.
[49] 武强. 脉冲磁场对小鼠中枢疲劳恢复效果影响的研究[D]. 西安：西安体育学院，2016.
[50] 徐凯. 巨星不可承受之"轻"[J].21 世纪商业评论，2010（8）：116+118–119.
[51] 徐琳玲.1956 年"克拉克魔咒"[J]. 南方人物周刊，2008（9）：80–81.
[52] 许寿生，石丽君，徐召霞，等. "运动生理学"课程内容中的德育融入及实践[A]. 中国生理学会教育工作委员会，中国生理学会第十二届全国生理学教学研讨会论文摘要汇编[C]. 中国生理学会教育工作委员会：中国生理学会，2019：2.
[53] 要进. 一生一事守护中国脊梁[J]. 老年世界，2019（5）：8–10.
[54] 国务院办公厅印发《"健康中国 2030"规划纲要》[N]. 人民日报，2016-10-26（001）.
[55] 玉鹤. 中国现代生理学的创建者——张锡钧教授[J]. 科学中国人，1999（1）：8–11.
[56] 余宇，谢雪峰. 第 27 届奥运会拉杜坎兴奋剂事件引发的法学思考[J]. 体育科学，2006，26（3）：77–79.
[57] 余运西. 抗病毒特效药，"远水难解近渴"[J]. 大众健康，2020（4）：26–28.
[58] 岳文雨. 运动性疲劳特征的研究综述[J]. 中国体育科技，2003（10）：51–54.
[59] 曾群. 浅议在人体生理学教学中贯通和体现人文精神[J]. 医学与哲学

（A），2013，34（2）：86-87.
[60] 张光武 . 为科学事业有滋有味地生活和工作——记中国神经科学奠基人之一张香桐院士 [J] . 今日科技，2003（5）：21-23.
[61] 张桂忠 . 阿奇博尔德·希尔的运动生理学贡献研究 [A] . 中国体育科学学会 . 2015 年第十届全国体育科学大会论文摘要汇编（三）[C] . 中国体育科学学会：中国体育科学学会，2015：3.
[62] 张健，王会寨 . 全生命周期体育融合发展研究 [J] . 北京体育大学学报，2020，43（12）：1-10.
[63] 张建英，赵传珍，杨丽华，等 . 海拔 3000m 地区高原病发生原因分析 [J] . 贵州医药，2010，34（6）：549-550.
[64] 张铭 . 贝尔纳与内环境的提出 [J] . 中小学实验与装备，2014，24（1）：2+65.
[65] 张秋霞 . 功能性不稳踝关节的神经肌肉控制研究 [M] . 北京：北京体育大学出版社，2014.
[66] 赵剑 . 妨害兴奋剂管理行为入刑的体系性思考 [N] . 中国禁毒报，2021-04-09（006）.
[67] 赵青山 . 如何在热环境运动时饮水 [J] . 西安体育学院学报，2004（S1）：44-45.
[68] 中华人民共和国国务院 . 国务院关于实施健康中国行动的意见 [N] . 人民日报，2019-07-16（007）.
[69] 中华医学会高原医学分会 . 关于统一使用慢性高原（山）病“青海标准”的决定 [J] . 高原医学杂志，2007（1）：1-2.
[70] 中华医学会糖尿病学分会 . 中国 2 型糖尿病防治指南（2020 年版）[J] . 中华内分泌代谢杂志，2021，37（4）：311-398.
[71] 中国论文网 . 黄金一代的 1981 [EB/OL] . [2021-07-04] .https://www.xzbu.com/5/view-1365790.htm.
[72] 周财有，龚成秋，徐海虹，等 . 社会性别视域下女性体育边缘化的形成与消解 [J] . 北京体育大学学报，2016，39（9）：24-30+69.
[73] 周颖 . 针灸疗伤，让运动员随心飞翔 [N] . 中国中医药报，2008-08-22（003）.

[74] 祝莉，王正珍，朱为模.健康中国视域中的运动处方库构建[J].体育科学，2020，40（1）：4–15.

[75] 朱泳，高俊，黄滨，等.基于眼动和EEG对篮球罚球思维调控特征的分析[J].天津体育学院学报，2014，29（4）：313–318.